LETTRE

A M. PAUL LACROIX

(BIBLIOPHILE JACOB)

SUR

L'EXPOSITION BELGE

DE 1854

PAR

M. CAMILLE MARSUZI DE AGUIRRE.

PARIS.

TYPOGRAPHIE HENNUYER, RUE DU BOULEVARD, 7, BATIGNOLLES.
Boulevard extérieur de Paris.

1854

LETTRE

A M. PAUL LACROIX

(BIBLIOPHILE JACOB),

SUR

L'EXPOSITION DE BRUXELLES.

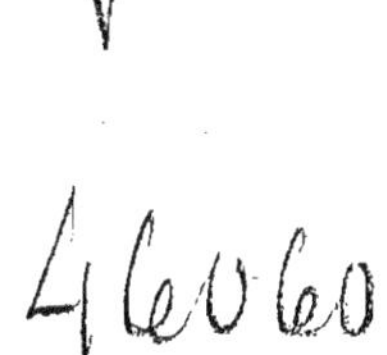

LETTRE

A M. PAUL LACROIX

(BIBLIOPHILE JACOB)

SUR

L'EXPOSITION BELGE

DE 1854

PAR

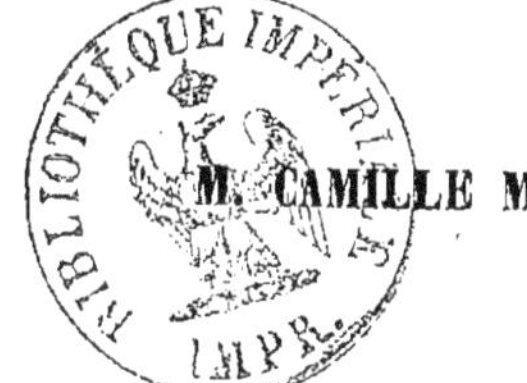

M. CAMILLE MARSUZI DE AGUIRRE.

PARIS.

TYPOGRAPHIE HENNUYER, RUE DU BOULEVARD, 7. BATIGNOLLES.
Boulevard extérieur de Paris.

1854

NOTE DE L'ÉDITEUR.

———

L'auteur de cette Lettre, si pleine d'aperçus ingénieux, de renseignements utiles et d'excellente critique, nous pardonnera d'avoir donné quelque publicité à un écrit qui n'avait pas été fait en vue du public, mais qui méritait de sortir, avec éclat, de l'obscurité d'une correspondance privée. M. Camille Marsuzi de Aguirre a consacré une partie de sa vie à l'étude de l'art : ses opinions en pareille matière sont celles d'un connaisseur exercé, qui joint à un goût sûr et délicat un savoir véritable et profond. L'impression *subreptice* de sa Lettre sur l'Exposition de Bruxelles l'encouragera peut-être à mettre au jour un travail plus important sur les Écoles d'Italie et sur les grands maîtres de son pays natal. Ce sera la récompense de notre modeste rôle d'éditeur.

P. LACROIX
(Bibliophile Jacob).

25 décembre 1854.

LETTRE

A M. PAUL LACROIX

(BIBLIOPHILE JACOB),

SUR

L'EXPOSITION BELGE

DE 1854.

MONSIEUR,

Ma dernière excursion à Paris a été trop rapide, et motivée par une cause trop triste, pour qu'il me fût permis de venir retremper, dans une bonne causerie avec vous, mon esprit engourdi par la retraite dans laquelle je vis depuis quelque temps.

J'aurais voulu vous entretenir du progrès de mes études dans le sujet que vous connaissez, et demander, à votre bienveillance et à votre érudition, des conseils et quelques renseignements qui m'eussent été précieux, si j'avais pu les obtenir.

Quand ferai-je maintenant un nouveau voyage à Paris? Malheureusement je l'ignore, car je dépends d'une affaire, qui me domine plutôt que je ne la conduis, et que je ne saurais, suivant mon bon plaisir, quitter et reprendre, ayant charge d'intérêts qui ne sont pas à moi seul, mais bien aussi à des amis que mon caprice ou mes désirs ne doivent pas compromettre.

Pourtant, j'éprouve un invincible besoin de songer à autre chose qu'aux déblais, aux remblais, aux viaducs et aux locomotives des chemins de fer, et je ne résiste pas à la tentation de prendre la plume et de la laisser courir, ainsi que je laisserais aller ma langue, si, tête à tête avec vous, je parlais du premier objet que le hasard aurait jeté sur le passage de notre pensée. D'ailleurs, ce ne sera pas le hasard que je prendrai pour guide en ce moment.

L'Exposition de Bruxelles présente un thème approprié à mes goûts, et je trouve cela d'autant plus heureux, que j'ai déjà expérimenté votre indulgence à l'occasion des quelques lignes écrites par moi sur les admirables travaux que mon ami Félix Duban a exécutés pour l'embellissement et la restauration des galeries du Louvre.

Si donc, en me lisant, vous trouvez de l'ennui, prenez-vous-en à vous-même, car, par ce précédent, vous m'avez inspiré la présomption de croire que mes observations en matière d'art seraient accueillies par vous, peut-être avec intérêt, certainement avec bonté.

En général, nous autres Italiens, nous avons, en fait d'art, une manière de voir, qui nous rend intolérants à l'égard des Écoles, qui s'écartent plus ou moins des traces laissées par les maîtres dont les œuvres sublimes nous rendent fiers à juste titre. Ce sentiment nous domine particulièrement en fait de peinture et de sculpture. Nous pensons que, tout en prenant pour type la nature, le peintre et le sculpteur doivent la choisir et la poétiser, et que la toile et le marbre sont chargés de reproduire ce qui est relativement beau, et non ce qui est vrai matériellement. Les Grecs firent ainsi, bien des siècles avant Raphaël et Michel-Ange, et c'est en suivant un tel exemple, que Michel-Ange et Raphaël créèrent les merveilles qui ont rendu leur mémoire impérissable.

Quand nous sortons de l'Italie, quand la réflexion et la comparaison ont mûri le jugement et secoué le préjugé natal; quand la France, l'Espagne, les Flandres et l'Allemagne ont fait passer devant nos yeux émerveillés les chefs-d'œuvre excellents que les artistes de ces contrées y ont semés si largement pour les rendre belles et glorieuses; bien que l'on soit Italien, on est forcé de modifier, du tout au tout, les idées primitives, et de convenir qu'il y a dans l'art un choix de routes différentes, qui, quoique distinctes et moins élevées que la nôtre, présentent néanmoins des qualités dignes de l'admiration de tous, et réclament des éloges mérités. J'ai donc entrepris l'examen des nombreux ouvrages qui composent l'Exposition belge de cette année, après avoir acquis cette expérience, et l'impartialité qui en est la compagne inévitable. Mais, avant de commencer cet examen, laissez-moi vous dire un mot sur le public de ce pays, et sur ses habitudes en fait d'art. Je l'ai étudié de près, et cette digression ne sera pas étrangère au sujet, car les artistes subissent, sans s'en apercevoir, l'influence du milieu dans lequel ils vivent.

Les Belges ne sont pas enthousiastes. La domination de l'étranger et les événements politiques ont fait disparaître de leurs mœurs cet esprit frondeur et turbulent, qu'on rencontre sans cesse, en lisant l'histoire, dans les immenses ateliers industriels qui gardent encore les noms de Liége, de Gand, de Bruges, et autres aussi riches en souvenirs.

Mais, si les Belges ont perdu la mobilité des passions populaires, ils n'ont pas perdu l'amour de la patrie, et vous les voyez attachés à sa gloire et aux coutumes anciennes, autant aujourd'hui qu'ils l'étaient au moment des luttes avec les souverains des royaumes voisins, quand ceux-ci prétendaient les soumettre ou les maintenir dans le servage. Les traditions, les serments, les corporations, les municipalités, tout existe encore, tout tient à des racines tellement profondes, que cet amour de la patrie n'a pas même disparu sous le niveau républicain.

L'ouverture de l'Exposition est donc une fête nationale, parce qu'elle démontre au pays et à l'Europe, que les arts, qui, à la Renaissance, firent la splendeur des Flandres, continuent à faire celle de la moderne Belgique. De toutes les provinces, la foule accourt; et ce n'est pas de la curiosité seule qu'elle apporte, ce n'est pas seulement une occupation de plaisir qu'elle recherche : elle arrive, calme, recueillie; désireuse d'applaudir au mérite; si elle le rencontre, et aussi de blâmer et d'exercer une critique sévère, sans ménagements, comme sans rancune : stimulants puissants pour entretenir l'émulation, qui est la source de la perfection et du progrès.

J'ai voulu saisir au passage les impressions des spectateurs
de toutes les classes ; je suis allé au Salon, le dimanche, les
jours des fêtes de Septembre, quand l'entrée était libre pour
tout le monde, et que les visiteurs affluaient au point d'avoir
de la peine à se mouvoir. J'y suis allé, les jours réservés, quand
le public était choisi. Toujours, j'ai entendu des raisonnements
d'une justesse surprenante, et, je dois l'avouer sans honte, souvent j'ai dû réformer mon jugement, parce que la remarque
d'un homme du peuple a découvert à mes yeux une qualité ou
un défaut dans un ouvrage que la première vue m'avait fait
apprécier inexactement. Ce tact, pour ainsi dire instinctif, est
tellement indépendant de toute influence, est tellement le partage de tous, que les articles des journaux restent sans aucune action, s'ils donnent un démenti à la voix générale, et
que la renommée de camaraderie ou *à tant la ligne* devient
presque impossible. On dit, après avoir lu : « C'est l'opinion
individuelle d'un tel qui écrit, et il se trompe. » On plaint l'artiste
que son insuffisance oblige à avoir recours à la louange sala-
riée : on le blâme, et on en fait un sujet de moquerie. Je ne
veux pourtant pas insinuer que le peuple d'ici soit doué d'une
finesse de perception toute spéciale et supérieure à celle des
autres peuples. J'attribue la rectitude de ses jugements à l'attention qu'il apporte dans l'examen, et aussi à la nature des
œuvres qu'on expose devant lui, œuvres qui sont presque toutes
indistinctement à sa portée, et qui n'ont rien de commun avec
le mysticisme italien ou le spiritualisme de l'Allemagne.

Est-ce parce que le public est ainsi fait, que les artistes belges conservent des mœurs et une attitude toutes différentes de
celles de leurs confrères de France ? Je suis porté à le croire,
et j'attribue ce résultat à la tradition des anciens exemples, et à
la nécessité où ces artistes sont de gagner et de conserver, avec
l'admiration, l'appui de tout le monde. Le Gouvernement fait,
certes, beaucoup ; il entretient des académies, des écoles ; il
envoie des élèves à Rome ; mais, à juste raison, il est très-sobre
de l'argent du Trésor, et, sauf des cas rares et exceptionnels, il
laisse aux particuliers le soin de faire vivre les arts en s'appro-

priant les œuvres des artistes. Les particuliers répondent no-
blement, je vous l'assure, à cette confiance : les commandes
et les achats ne font pas défaut, pas plus que les Mécènes, qui
prennent sous leur protection les talents naissants ou beso-
gneux, et qui les produisent et les nourrissent. En voici un
exemple :

Dans les premiers moments de mon arrivée, quand je com-
mençais à explorer les ateliers et les cabinets des amateurs, j'y
allais, je l'avoue humblement, rempli de mes préventions ro-
mano-parisiennes.

Une de mes connaissances m'adressa tout d'abord à M. Vanderberghen, gros droguiste de la rue de la Madeleine.

Les préventions dont je vous parlais ne firent que s'accroître,
après qu'il m'eut reçu assez distraitement au milieu de la pesée
d'un ballot de café ou de poivre, je ne saurais dire lequel des
deux. Cependant j'exposai le but de ma visite.

Aussitôt il quitta la besogne, et me conduisit, de la meilleure
grâce du monde, vers l'arrière-boutique communiquant avec
un magnifique rez-de-chaussée.

En y entrant, je reconnus d'un coup d'œil les productions
les plus remarquables des artistes vivants ou contemporains ;
et, comme je ne pus retenir un mouvement de surprise, à la vue
d'un choix de tableaux, aussi riche qu'irréprochable, il s'en
aperçut, et me dit, avec une modestie qui ajoutait encore à la
simplicité de ses paroles : « J'ai quelque fortune (il est, à ce
qu'on dit, plusieurs fois millionnaire); je n'ai pas d'enfants :
j'ai voulu faire profiter mon pays de cette double circonstance.
J'aime la peinture et la crois une des gloires des Flandres ;
j'ai voulu satisfaire mon goût, et venir en aide aux efforts des
artistes qui en avaient besoin. Pourtant, je ne me suis pas livré
à une prodigalité sans discernement. Je pouvais, je devais me
tromper : j'ai voulu éviter des erreurs résultant de mon propre
jugement, et je me suis entouré d'une espèce de jury qui a
éclairé ma marche. Quand ceux qui le composent, et en qui
j'ai pleine confiance, découvrent un mérite naissant ou mé-
connu, ils me l'indiquent ; ils fixent un prix au travail, et bien-

tôt une nouvelle production vient prendre sa place dans mon cabinet.

« J'ai ainsi la fleur du talent de chacun : plus tard, quand le talent a mûri et que j'ai envie d'en avoir ma part, la reconnaissance du passé fait qu'on m'accorde la préférence sur les clients nouveaux, et qu'on soigne tout particulièrement la toile qui m'est destinée. Voilà, monsieur, comment j'ai composé ce cabinet de tableaux, qui m'a semblé exciter votre étonnement. »

M. Vanderberghen n'est pas le seul qui agisse de la sorte. Ouvrez le livret de l'Exposition, et vous trouverez d'autres noms au bas des ouvrages commandés ou achetés, sans compter les amateurs qui gardent l'incognito, et surtout les enfants du roi, qui répandent modestement les bienfaits, en élevant et non en humiliant ceux qui les reçoivent.

Ensuite, quand la libéralité individuelle est épuisée, vient la munificence collective : on organise des loteries, et, avec leurs produits très-abondants, la Commission, nommée sous la surveillance du ministre, répare quelque oubli ou révèle quelque mérite. Tout se fait sans bruit, sans apparat, mais solidement. C'est beaucoup mieux, ce me semble, que le fracas de l'ostentation, ou l'aumône influencée et officielle, qui nous afflige dans d'autres endroits.

Or, je suis convaincu que cette simplicité des amateurs, et cette bienveillance du public, sont les causes de l'affabilité que conservent les artistes, et du peu d'importance qu'ils s'attribuent. Ils se tiennent ici, comme de simples mortels, causant, riant, travaillant et s'empressant à être agréables ; ils ne se drapent pas dans leurs manteaux, et, tout en sauvegardant leur dignité, ils ne font pas les grands personnages, et ne se donnent pas l'air de croire que la patrie serait en danger, la terre bouleversée, s'ils se couvraient la face ou s'ils transportaient ailleurs leurs pénates.

J'ai visité les ateliers en renom. Celui de M. Navez, directeur de l'Académie, a été un des premiers où je fus admis. Je m'attendais aux façons habituelles, aux chevalets impossibles, aux grands fauteuils, aux gants jaunes que j'ai vus quelquefois

protéger des mains illustres contre l'atteinte des couleurs. Je
ruminais les compliments et les lieux communs qu'on débite
en pareille circonstance; je payais d'avance, par l'expectative
de beaucoup de gêne et d'ennui, le plaisir de voir de belles
toiles. J'arrive, et je suis reçu par un homme, d'une physionomie ouverte, charmante, qui m'accueille avec empressement,
qui va au-devant de mes désirs, et qui, à mon accent, m'ayant
deviné Italien, se met à causer, dans la langue de mon pays,
des réminiscences de sa jeunesse, de mille anecdotes, des amis
communs, et qui se prête, avec une complaisance infinie, aux
petites exigences de ma curiosité.

Un quart d'heure après nous être vus pour la première fois,
j'étais à mon aise, aussi bien que si j'avais connu et admiré
M. Navez depuis longtemps. Je dis *admiré*, car j'avais sous les
yeux une *Sainte Famille*, qu'Andrea del Sarto n'aurait pas renié,
et j'étais entouré de tableaux, dont un seul eût suffi pour faire
la réputation d'un artiste. Il en était ainsi chez mon ami Gudin
autrefois, quand il demeurait rue de la Ville-l'Évêque; mais
Gudin, alors, c'était l'exception.

M. Navez, plus ou moins, est ici la règle, car j'ai rencontré, à Bruxelles, à Anvers et ailleurs, le même accueil et les
mêmes habitudes.

Peut-être craindrez-vous que je ne sois partial?

Rassurez-vous, je raconte ce que j'ai vu, ce qui m'a frappé;
je dis ce que je sens, et, pour être parfaitement sincère, je dois
ajouter que ce que je sens n'est pas tout à fait ce que je devrais
sentir, parce que j'avais préconçu des préventions mauvaises,
et qu'il a fallu une grande dépense de faits contraires à ces
préventions, avant qu'elles fussent effacées de mon esprit.

Vous aurez lieu de vous convaincre, dans le cours de cette
Lettre, que je suis plutôt porté à la sévérité qu'à l'indulgence;
ce qui, du reste, est l'effet du mérite réel que j'ai rencontré :
il m'a rendu plus difficile, en augmentant mes exigences.

Encore une observation, avant d'entrer en matière.

Par ces quelques lignes, je n'ai voulu que vous donner un
aperçu de l'état dans lequel sont maintenant, à mon avis, les

arts en Belgique. Je me suis donc imposé la loi de ne vous parler que des productions belges, laissant de côté toutes les œuvres, plus ou moins méritantes, que la France, l'Allemagne, l'Angleterre et même l'Italie ont présentées au Salon. Je m'astreindrai fidèlement à cette condition, tout en reconnaissant que, parmi les ouvrages sur lesquels je garderai le silence, il y en a qui font beaucoup d'honneur aux artistes et à leurs Écoles respectives.

L'examen d'une École se fait également de deux manières. On peut embrasser d'un coup d'œil cette École, peser pour ainsi dire ses qualités et ses défauts, analyser son faire et ses caractères, et ne se servir de quelques exemples isolés, que pour appuyer la vérité des déductions. On peut aussi prendre à partie un à un les maîtres qui la composent, les étudier, les faire connaître, et, de ces appréciations individuelles, parvenir à des principes généraux et à un jugement d'ensemble.

J'ai choisi le premier de ces deux procédés, comme étant plus en analogie avec mon caractère, comme pouvant m'éviter l'écueil des personnalités. Je généraliserai donc, et ne descendrai aux particularités, que quand elles devront me servir d'exemple à l'appui des principes que j'expose.

Qu'est-ce qu'une École? Pour que nous puissions bien nous comprendre, permettez-moi de vous définir l'idée exacte que j'attache à cette dénomination.

Une École, en fait de peinture, est, selon moi, une suite d'artistes, ayant les mêmes méthodes, le même faire; sentant, voyant, s'exprimant, chacun suivant son imagination, sa nature, son observation, son savoir, mais se rattachant les uns aux autres, même dans le progrès, par des règles communes, transmises successivement de maître à élève, et qui font que le connaisseur intelligent peut facilement suivre les transitions, et rattacher les branches éparses et différentes à la souche primitive.

Les Flandres ont eu, dès les temps les plus reculés, une École nationale, dont le siége était à Anvers.

Je ne discuterai pas la question de savoir si les frères Van-Eyck ont été les inventeurs de la peinture à l'huile.

Cette question technologique ne peut pas trouver place dans
le cadre que je me suis tracé. Je vous rappellerai seulement
que Hubert Van-Eyck peignait avant la fin du quatorzième siècle ; que son frère Jean enseigna, dit-on, à Antonello, de Mes-
sine, le procédé de la peinture à l'huile, transportée par celui-
ci à Venise vers le commencement du quinzième siècle. Après
les Van-Eyck, Rogier de Bruges, leur élève, transmit à Memling (que nous Italiens nommons Memelino ou Memeglino)
l'art de ces maîtres.

Après Memling, et presque de son temps, surgit l'immortel
Quentin Massys, l'ami d'Érasme ; Quentin Massys, qui fut, en
quelque sorte, le trait d'union entre l'École des Van-Eyck et
celle de Rubens, littérateur, musicien, et père heureux d'une
nombreuse famille d'artistes.

Puis, le Raphaël flamand, Michel Cocxie ; puis encore, Jean
Massys, fils de Quentin, et Lambert Susterman, qui de l'École
de Jean de Maubeuge passa à celle d'André del Sarte, et revint
à Liége, sa patrie, exercer une influence d'autant plus grande,
qu'il put compter parmi ses nombreux élèves Franz Floris
(François de Vriendt), le maître de plus de cent maîtres,
presque le compagnon du prince d'Orange et des comtes
d'Egmont et de Horn.

Puis, Martin de Vos, qui de l'École de Floris passa dans celle
du Tintoret ; François Pourbus ; François, Jérôme et Ambroise
Francken ; enfin, en mettant de côté beaucoup d'autres noms
moins illustres, Otto Van-Veen, célèbre sous le nom de Otto
Venius, poëte et écrivain remarquable, dont la renommée,
comme peintre, a été diminuée par celle que lui a valu le bonheur d'avoir formé, dans son atelier, l'éducation artistique de
Pierre-Paul Rubens.

Rubens, cette immense figure que nous comprenons à peine,
dans le siècle où nous vivons, et que nous jugerions incomplète-
ment avant de l'avoir admiré dans les œuvres qu'il a léguées à
sa patrie ; cette merveilleuse imagination qui enfanta tant de
prodiges ; cette existence, si remplie de génie, de travaux d'art,
de littérature, de diplomatie ; Rubens, le père de la moderne

École des Flandres et qui, malgré ses défauts et malgré tant
d'illustres imitateurs, est encore aujourd'hui resté inimitable.
Après lui, Van Dyck, le meilleur de ses élèves, que l'amitié
du malheureux Charles Ier ne put empêcher d'aller dormir, tout
jeune encore, sous les humides dalles de Saint-Paul de Londres.
Et Jacques Jordaens, le fils du marchand de toile, vivant et
mourant, paisible et heureux, dans les murs d'Anvers, sa ville
natale; François Snyders, Corneille Schut, Jean Van Hoeck
et Van Thulden, et David Téniers le jeune, et tant d'autres
dont il serait trop long de citer les noms.

Voilà une brillante suite de maîtres qu'on voit se succéder
jusqu'à Quellyn le jeune, de qui date le déclin de la bonne École
flamande.

Plus tard, l'apparition de David et de l'École académique fit
abandonner aux peintres belges la belle route frayée : mais
bientôt le patient initiateur, Van Brée et Ferdinand de Braeckeleer, la retrouvèrent et l'indiquèrent à la génération actuelle,
qui, constatons-le à sa louange, s'est empressée de la remettre
en honneur.

Vous souriez, j'en suis sûr, esprit sévère, à ces lambeaux
d'érudition rétrospective que j'éparpille de mémoire, et vous me
blâmez de me laisser entraîner, par la fantaisie, aussi loin du
sujet que je vous ai dit vouloir traiter.

Pourtant, vous me blâmeriez à tort, car ces souvenirs m'a-
mènent justement au cœur même de ce sujet.

L'École moderne, celle qui a rempli de ses œuvres le Salon
de 1854, se replace, je viens de vous le dire, à la suite immé-
diate des disciples de Rubens. Vous y voyez, dans les grandes
toiles (dans celles qui sont bonnes, bien entendu), la verve et la
touche savante, mais lâchée de cette École ; vous y rencontre-
rez quelquefois des réminiscences de sa composition ardente,
mais bizarre; plus de recherche peut-être dans le dessin, moins
d'effet dans le coloris ; certainement, moins d'originalité, mais
la même nature, puisque les modèles sont les mêmes ; et, di-
sons-le enfin, presque tous les défauts de ses qualités.

Les grandes toiles, d'ailleurs, n'abondent pas à l'Exposition de Bruxelles, et vous deviez le deviner, d'après ce que je vous ai dit, au commencement de cette Lettre, sur l'espèce d'encouragement que les peintres rencontrent dans ce pays.

Dans les toiles de chevalet, c'est bien autre chose : le rapprochement est plus sensible, et il y en a telle qui, dans cinquante ans, si par hasard elle n'était pas datée par ses costumes, serait prise facilement pour l'œuvre d'un des anciens maîtres. Cependant, ne supposez pas que cette imitation soit toujours servile. Jules Romain suivait Raphaël; le Dominichino, les Carraches; Van Dyck, Rubens, et pourtant, chacun d'eux avait un génie créateur qui le rendait distinct de son modèle.

Je ne peux pas dire que les genres secondaires se rattachent aussi à l'ancienne École flamande. Excepté les portraits, fort heureusement peu nombreux, les paysages, les marines, les animaux tiennent plutôt à la manière hollandaise ; il y a même des peintres de genre qui affectent un faire indépendant et nouveau, que j'aurai à examiner plus loin avec certain détail.

Pardon, mais il faut que je m'arrête encore à une digression que vous voudrez bien ne pas prendre pour un mouvement d'amour-propre. Vous avez applaudi aux observations que, dans ma brochure sur le Louvre, j'ai faites à l'égard du soin minutieux, que les peintres, les restaurateurs de tableaux surtout, devraient donner au choix et à la préparation de leurs couleurs, aux apprêts matériels de leur art. J'ai maintenant sous les yeux la preuve palpable de la vérité de ces observations.

Dans presque tous les tableaux belges, dans les anversois principalement, j'admire une fraîcheur, une transparence, une finesse, qui viennent certainement de la main de l'artiste, mais que l'artiste ne pourrait produire, s'il n'y était aidé par les matières qu'il emploie. Ces qualités tant désirables, à part l'harmonie dorée que le temps donne à la peinture, se perpétuent sans altération sur la toile ou sur le bois.

J'en ai acquis la certitude, en inspectant à la loupe, pour ainsi dire, des tableaux qui ont déjà subi l'épreuve des années, notamment ceux de Braeckeleer, de Navez, et d'autres, que j'ai eu l'occasion de voir.

A côté des tableaux faits en Belgique, sont exposés ceux qui viennent de France. Parmi ceux-ci, il y en a qui, pour la touche, le velouté du pinceau, ne laissent rien à désirer. Cependant, à l'œil attentif, ils présentent dans les tons quelque chose de plus lourd, de plus terne, de moins lumineux, que les tableaux belges. Ce fait, évident, incontestable, ne peut être attribué qu'à l'infériorité des éléments matériels qui ont servi à l'exécution de la peinture. J'ai voulu pousser plus loin mes investigations. J'ai analysé les œuvres d'artistes belges, qui peignent d'une manière forte, poussée peut-être au noir outre mesure, ou raboteuse et sans empâtement; j'ai examiné les plus médiocres, celles qui proviennent évidemment d'une main peu habile ou peu exercée. Partout, j'ai retrouvé le même effet. Sous les ombres les plus forcées, sous les épaisseurs les plus extravagantes, il y a de la transparence; il y a une limpidité relative de coloris; il y a quelque chose, qui brille, qui attire et laisse passer la lumière. Je suis allé aux informations. J'ai appris qu'en réalité, pour la préparation des toiles, pour la manipulation des couleurs, des huiles, des vernis, on suit ici les anciennes méthodes traditionnelles, et que les artistes y apportent le plus grand soin, ne se refusant pas à recourir quelquefois à l'aide de leurs propres mains et de leur propre diligence. Puissent ces quelques paroles, et l'exemple qu'elles renferment, offrir un conseil salutaire à quiconque croirait descendre à des soins peu dignes de la hauteur où il se place, s'il se préoccupait de cette branche élémentaire et matérielle de son art!

La vie des œuvres en dépend, et, avec elle, la conservation du renom, dont, à bon droit, tous se montrent avides et fiers.

Et maintenant, je commence ma revue (très-sommaire, comme je vous l'ai dit), dans le but de vous prouver les faits qui précèdent, plutôt que d'analyser le mérite des artistes, tâche bien supérieure à mes forces.

Je m'incline avec respect devant la science de tant de feuilletons déjà publiés, et je renvoie votre curiosité (si vous en avez) à leurs jugements descriptifs; sûr à l'avance, si j'en crois le ton grave et dogmatique avec lequel ils prononcent, que

je vous mets en présence des opinions éclairées d'artistes émi-
nents et de connaisseurs consommés. Moi, je ne suivrai aucun
ordre : je suivrai mes impressions, comme elles m'arrivent ;
j'aurai seulement égard à la nature du sujet et à la classification
des genres ; encore, ne vous promets-je pas de m'astreindre à
cette règle, d'une manière absolue.

> Sia dal cielo il principio : invoca avanti
> Colle preghiere umili e devote
> La milizia degli angioli e dei santi.

Les tableaux religieux prendront donc le pas sur les
autres.

Heureusement, ils ne sont pas abondants : il y en a une tren-
taine à peine. Il est vrai que, par contre, et comme compensa-
tion, ils forment la majorité des toiles de grande dimension.
Plusieurs ont été commandés par le Gouvernement ou par les
églises. Ne me sentant pas la force de discuter leur mérite offi-
ciel, je les laisserai dormir en paix. Cependant, il m'est impossible de passer sous silence une innovation que je trouve dans
l'*Ecce homo* de M. Van Severdonck, peint pour l'église de
Namur (n° 1030). Dans cette production, ce n'est pas Pilate
qui présente l'Homme-Dieu au peuple ; c'est un monsieur en
tunique, n'importe de quelle couleur, faisant un salut au public, comme un régisseur de spectacle a l'habitude d'en faire.
Pilate est sur la droite, au fond de la scène, très-éloigné, si
j'en juge par ses dimensions ; très à l'ombre, car il est presque
noir, et assis sur son siége curule, comme un bon et fier digni-
taire romain qu'il était. La multitude est représentée par un
chien, une femme agenouillée, deux enfants, et un vieillard qui
se courbe avec vénération. Cette multitude, disons-nous, loin
de pousser les cris discordants qui demandaient Barrabas, est
évidemment disposée, par la pitié qu'elle ressent à la vue du
manteau décoloré et de la mine piteuse de Jésus, à l'absoudre
et à le renvoyer chez lui. Mais ce n'est pas de la multitude
absente ou des cinq figures présentes, sans oublier le chien,
que j'ai à vous parler.

Je suis curieux de savoir ce que la Sorbonne pense de cette correction faite à l'Evangile, lequel nous apprend que Pilate *en personne* parla par trois fois aux Juifs, prononçant de sa propre bouche l'*Ecce homo*, paroles et action que le tableau a entrepris de représenter.

Peut-être la Sorbonne, en s'informant près de M. Van Severdonck, connaîtrait-elle la source d'où il a tiré cette variante, qui attaque jusqu'à un certain point l'infaillibilité du livre saint, auquel nous devons toute croyance, surtout lorsque nous allons dans une église méditer sur les souffrances que le Rédempteur a endurées pour nous. Et, puisque je vous donne la peine de consulter la Sorbonne et de vous présenter devant le savant aréopage, demandez-lui donc, en même temps, si l'Eglise ne croit pas que le Christ, condamné à recevoir la flagellation, fut attaché à une colonne du prétoire ?

M. Dujardin, dans son tableau pour les Dominicains de Tirlemont (n° 319), place le Sauveur à genoux, le fait prendre aux cheveux par un bourreau et flageller par deux soldats, vêtus seulement d'une culotte garance bien collante, lesquels s'acquittent de la besogne en dansant, si je n'ai pas mal compris la pose de leurs pieds et de leurs jambes.

J'avais toujours entendu dire que la licence, que Horace accorde *pictoribus atque poetis*, n'était pas admissible dans les choses qui touchent à la religion.

Ces deux artistes m'ont prouvé que tout est permis à l'inspiration, et si, en examinant leurs ouvrages, je n'ai retiré ni plaisir ni enseignement au point de vue de l'art, j'y ai du moins gagné d'avoir élargi le cercle de mon expérience théologique, sous réserve toujours de la décision souveraine que vous saurez provoquer de la part de l'autorité compétente, décision à laquelle, en bon chrétien, je me soumets humblement et d'avance.

De ces sublimités au-dessus de mon intelligence, je descends au n° 937, que le Livret me dit être de M. Thomas, de Bruxelles, et représenter *Judas errant pendant la nuit de la condamnation du Christ*. Cette toile est de la plus grande dimension. Nous sommes au lieu où les ouvriers ont préparé la croix, qui doit servir au supplice de Jésus. Le site est triste, montagneux, désert. La lumière de la lune descend, à la droite du spectateur, et éclaire tristement une partie des objets ; sur la gauche, un feu vif prodigue sa chaleur et son éclat à deux hommes endormis, qui se reposent du travail achevé. L'un est assis de face, le bras droit appuyé sur ses genoux, la tête incliné sur sa main ; l'autre est étendu sur une natte, les jambes ramassées et se faisant un oreiller de ses deux bras.

Un peu en arrière, presque au milieu de la composition, Judas s'arrête, le pied en avant, les bras écartés, dans un mouvement d'horreur indescriptible. Ses cheveux se hérissent, à la vue de l'instrument de mort, qui lui rappelle sa trahison ; sa main serre encore la bourse qui contient le prix du sang de son maître, de son Dieu.

Je ne suis pas facile à émouvoir ; mais je vous avoue qu'une sensation fort étrange m'a saisi à la contemplation de cette grande page : le désespoir qui sort de toute la personne du traître, trouve un contraste étrange dans la placidité de la nature, qui semble se voiler de deuil, et dans la quiétude souriante des deux ouvriers endormis, qui ont machinalement accompli une tâche sanguinaire à laquelle l'habitude les a rendus indifférents. Tout est d'une vérité, d'une harmonie, d'un faire irréprochables. L'opposition des deux lumières, dont l'artiste a tiré un parti des plus savants, révèle, à elle seule, une entente consommée de la couleur.

Le dessin m'a semblé très-correct dans le raccourci des deux hommes, dans l'anatomie de leurs membres.

Les draperies de la tunique grise et du manteau sombre de Judas sont largement traitées.

Les ombres portées, notamment celle que produit, sur la tunique de l'apôtre déicide, le dormeur couché et immobile, sont capables de tromper l'œil et de faire une illusion parfaite.

Je ne sais pas si M. Thomas est jeune, mais je dis que les trois figures de son tableau et les accessoires qui les accompagnent, le placent bien haut et bien avant dans la vie de l'Art.

Je quitterai maintenant les sujets religieux. Mes regards ne

2

sont tombés sur rien autre, ce me semble, qui méritât de les fixer. Mais je me trompe : j'ai vu encore un *Ecce homo*, tableau de deux figures, avec volets, dont le coloris, la composition, les formes, doivent beaucoup, tantôt à Jordaens, tantôt à Van Dych ; il est de M. Bellemans, d'Anvers (n° 39).

J'ai vu aussi une *Madone avec l'enfant Jésus* (n° 659) , de M. Mathieu, de Louvain ; charmante de couleur, de finesse et de grâce, quoiqu'on puisse en critiquer le type. J'ai vu enfin une *Magdeleine repentante*, demi-figure de grandeur naturelle, remplie d'expression et de suavité, qui m'a rappelé avec bonheur les tons de Sasso Ferrato et la *morbidezza* de l'Albano. Elle porte le n° 326 ; elle a été peinte par M. Prosper Dumortier, de Bruxelles.

On remarque, à l'Exposition, un certain nombre de grandes compositions historiques. L'*Assassinat de Sébastien Laruelle, bourgmestre de Liége*, peint par M. de Vieillevoye (n° 1068), pour le Gouvernement, accuse du talent et du savoir, mais cependant laisse beaucoup à désirer. Prises en détail, les figures sont presque généralement bonnes ; dans leur ensemble, elles manquent d'effet, surtout de perspective et de mouvement.

C'est une œuvre immense, exécutée avec soin, mais où l'air ne circule pas. La composition est roide, confuse ; le pinceau, monotone, peu brillant. On dirait que le peintre, effrayé de la tâche qu'il avait acceptée, s'est avancé timidement dans son travail, et presque en tâtonnant.

Le Gouvernement a aussi commandé à M. Verlat, d'Anvers, un *Godefroi de Bouillon à l'assaut de Jérusalém* (n° 1044). On me dit que M. Verlat est un artiste estimé. Son tableau, en effet, renferme quelques qualités de couleur et de dessin ; mais , en vérité, la composition et la disposition de la scène sont des plus déplorables. Figurez-vous un immense rideau de murailles grises ou de rochers plats, occupant les deux tiers de l'espace ; tout en haut, des créneaux, d'une épaisseur formidable, au travers desquels passent quelques têtes et quelques bras, plus ou moins armés ; contre ces murailles et ces rochers, l'extrémité de deux ou trois échelles, trop courtes pour atteindre les remparts et couvertes de timides assaillants, au nombre de cinq ou six, parmi lesquels un moine.

Dans le dernier tiers du tableau, au même niveau que les créneaux, un groupe de chevaliers se précipite sur des poutres sortant d'une tour en bois, et se rencontre avec des Sarrasins, qui s'efforcent de les repousser. La mêlée est assez animée sur ce point; mais la figure de Godefroi, qui du milieu du pont se retourne pour encourager les assaillants, est d'une faiblesse inconcevable. Ce qui m'a paru digne d'attention, c'est un chevalier, qui s'élance l'épée à la main, et qui est franchement peint, franchement dessiné.

Il y a aussi, sur l'avant-plan, un homme renversé, dont l'académie est belle. En somme, je ne vous aurais pas parlé de ce tableau, si je n'avais voulu vous signaler que son auteur abandonne l'École du pays, pour aller à celle de France, mais sans bonheur dans sa tentative, et certes sans encouragement pour ceux qui seraient tentés de le suivre dans cette voie fâcheuse.

J'arrive au n° 1081, qui est de M. Wauters.

Les demi-figures sont de grandeur naturelle.

La *Lecture de l'arrêt de mort prononcé par Philippe II contre le baron de Montigny*, en est le sujet. J'ai vu avec plaisir cette bonne production qui, tout en conservant le caractère national, m'a rappelé les tons et le faire de notre École de Bologne.

L'auteur ne m'en voudrait pas, je l'espère, s'il venait à connaître ma comparaison. C'est l'intérieur de la prison. Il fait nuit; la lune laisse passer ses rayons à travers les barreaux de la fenêtre, qui s'ouvre dans un angle à gauche du spectateur. Une lampe descend du plafond, et jette perpendiculairement sa lumière sur les personnages. Cette lampe peut être critiquée, car on ne voit guère dans une prison un tel luxe d'éclairage. Il est vrai que le château de Simancas n'était point, à proprement parler, une prison, et que le frère du comte de Horn, chevalier de la Toison d'or, pouvait ne pas être traité comme un prisonnier ordinaire. On sent, cependant, quelque chose qui choque les traditions reçues, tout en se prêtant admirablement à l'effet de la peinture, ce qui est une grande excuse pour le peintre. Le comte de Montigny a un maintien calme, digne même. Pourtant, je dois le dire, étant assis et peu éclairé, il n'attire pas les regards comme l'exigerait le héros du sujet, et ceci me paraît un défaut réel. Le notaire, debout au milieu du tableau, reçoit la lumière en plein sur la tête et sur le parchemin qu'il lit. Le licencié de Orellano est à son côté gauche, un peu en arrière, tout à fait de face, magnifiquement vêtu d'un pourpoint et de chausses en satin blanc. La vive clarté qui s'échappe de cet habillement, contrastant avec celui du notaire, qui est sombre de couleur et encore plus assombri par les ombres, pousse cette figure et la détache de la toile. Le bourreau, ainsi que d'autres personnages, sont groupés plus en arrière vers la porte. Rien n'est forcé, tout est à sa place. Le dessin m'a paru bon, la couleur grasse, le caractère et l'expression des têtes parfaitement appropriés. J'ai revu souvent ce travail, et l'ai toujours étudié avec le même plaisir.

De graves reproches ont été adressés à M. Ern. Slingeneyer, pour sa *Jeanne la Folle*, composition de grandeur naturelle (nº 879). Plusieurs de ces reproches sont justes; les autres ne sont pas mérités; on a négligé ceux qui peut-être étaient les plus rationnels. Pour en juger, il faut savoir que l'auteur, s'emparant du dire douteux de Robertson, dans sa pâle et incorrecte Histoire de la vie de Charles V, a voulu représenter la pauvre Jeanne de Castille, enfermée dans sa chambre avec le cadavre de Philippe de Bourgogne, son mari, que, par excès d'amour, elle avait fait retirer du tombeau. On a prétendu que le sujet était mal choisi. Je l'admets volontiers, car la folie et la profanation sont choses qu'on ne doit pas mettre en évidence, à moins qu'elles ne retracent quelque grand événement historique. On a dit, avec raison, que l'intrusion de Charles-Quint enfant, dans cette scène d'horreur, est une licence excessive. En effet, la présence du royal enfant dans une pareille scène était impossible, et, ne l'aurait-elle pas été, l'immoralité de l'idée devait produire cette impossibilité.

On s'en est pris ensuite à la bâtardise de l'œuvre; on a affirmé que ce n'était ni du *genre* ni de l'*histoire* : je ne comprends plus cette critique. Si le fait est vrai, si la folie de Jeanne avait pour cause la mort de son époux, il me semble que tout se réunit pour classer le tableau parmi ceux d'histoire.

On a aussi parlé d'indécence. J'ai bien attentivement regardé, et n'ai pu découvrir sur quoi se fonde la susceptibilité de la critique. Jeanne, assise, tient entre ses bras un corps inanimé, couvert en partie par les draps du lit d'où elle vient de le tirer. Sa tête est tournée, avec une expression très-vive de frayeur, vers l'endroit d'où elle craint de voir sortir quelqu'un qui voudrait lui ravir le cadavre qu'elle serre convulsivement contre sa poitrine.

Qu'y a-t-il là d'indécent? Est-ce la nudité du mort? Mais la Madone de la *Pitié* de Michel-Ange, qui est dans une des chapelles du Vatican, a sur les genoux le corps du Christ, encore plus nu que celui du Philippe de M. Slingeneyer. Est-ce l'expression même de la folie de Jeanne? Mais, dans le sujet, cette expression de folie amoureuse est toute naturelle, et elle est rendue avec une noblesse, une habileté et une vérité incontestables. La pruderie dans les arts n'a existé qu'au temps du fanatisme; elle me semblerait un anachronisme à notre époque. Trouverait-on aujourd'hui, je vous le demande, un peintre sacrilége, dont la main osât renouveler les surcharges qui ont mutilé le *Jugement dernier* de la Sixtine? D'ailleurs, je le répète, et ma description le démontre, rien, absolument rien ne blesse la vue dans le tableau de M. Slingeneyer.

Si je m'appesantis sur l'œuvre de cet artiste, c'est, vous l'aurez deviné, qu'elle m'a semblé digne de la plus grande attention, peut-être même des plus grands éloges. Les sentiments de la pauvre folle sont rendus avec une puissance telle, que le spectateur le plus froid doit être troublé par leur réalité et leur précision. Le corps du roi présente une étude académique, qui annonce un maître très-expert dans l'art du dessin. Quant au coloris, j'en ai peu vu d'aussi brillants, d'aussi riches, d'aussi bien équilibrés.

A mon tour de hasarder une critique. La circulation du sang

est arrêtée dans un cadavre; les tons roses de l'épiderme, propres
à la vitalité, se changent, après la mort, en tons livides et terreux,
par l'effet de la coagulation et la désoxygénation de ce fluide.
Comment donc la dépouille mortelle du roi, enterrée et *exhu-
mée*, aurait-elle pu conserver la blancheur transparente et san-
guine de la peau, spécialement sur la poitrine? Un homme
évanoui serait plus pâle que ce cadavre, qui date de plusieurs
jours, si l'histoire dit vrai! Le peintre, je le soupçonne, a re-
culé devant sa tâche; il a voulu épargner au spectateur une
impression triste, repoussante, et il a sacrifié l'art, qui doit
être toujours la vérité, pour se faire le courtisan du public.
Cependant, il faut bien le dire : la mort est la mort. Évitez de
la peindre, rien ne vous y oblige; ou, si vous l'abordez, que
votre pinceau ne se préoccupe pas des nerfs des petits-maîtres,
car ce n'est pas pour eux que vous travaillez, mais pour votre
renom et pour la postérité. Regardez les *Christs*, du Guide, de
Carravage, de Schidone; regardez la tête de la *Sainte Pétronille*,
du Guerchin; regardez ce qu'a fait Van Dyck, parmi vos com-
patriotes : leurs morts sont des cadavres, quoique ces morts
dussent participer de la double nature humaine et divine.

Je ne vous parlerai pas du *Charles-Quint devant la mort*
(nº 792), que M. Robert a peint pour le Gouvernement. On ne
peut en dire ni bien ni mal. Je ne vous parlerai pas davantage
d'une *Bataille de Gravelines* (nº 1031), par M. Van Severdonck,
le même qui a peint l'*Ecce Homo*, sans Pilate, dont je vous ai
déjà parlé.

Il y a un *Nicolas Zannekin* de M. Slingeneyer (nº 880),
que j'aime assez peu, quoi qu'on en dise, mais dans lequel
pourtant je reconnais une grande valeur.

Il y a aussi un *Balthasar Perruzzi* (nº 349), qui, prisonnier,
s'apprête à faire le portrait du connétable de Bourbon, tué au
siége de Rome : œuvre de M. Fauconier. Si j'avais le temps,
je vous en dirais beaucoup de bien. Je devrais au moins vous
parler, avec éloges, du *Van Artevelde refusant de trahir son
pays* (nº 213), qui est de M. de Keyser; mais j'ai hâte d'en finir
avec les tableaux d'histoire, et j'arrive à une charmante com-

position de M. Huysmans, d'Anvers (n° 504), le dernier tableau de cette catégorie, sur lequel j'attirerai votre attention.

L'époque la plus glorieuse pour les Pays-Bas fut, sans contredit, celle où, faibles et opprimés, ils relevèrent la tête, et entamèrent contre Philippe II la lutte qui, plus tard, les détacha de l'Espagne, et les rendit libres et indépendants.

Une épithète méprisante, tombée de la bouche du comte de Berlaimont, donna un nom à la révolte et aux révoltés, qui s'appelèrent fièrement les *Gueux*, et qui, promenant bravement leur gueuserie sur terre et sur mer, brisèrent leurs chaînes à grands coups de mousquet et de canon, et firent si bien qu'ils arrachèrent les plus riches pierreries de la couronne des rois d'Espagne, pour les placer sur les toques des magistrats républicains qu'ils se donnèrent, après avoir conquis leur indépendance.

Le peintre a retracé la scène où l'épithète de *Gueux*, destinée à devenir glorieuse, fut prononcée, entendue et relevée.

Marguerite de Parme, la tête haute, le regard étonné, assise dans un grand fauteuil, écoute Henri de Brederode, qui porte la parole, en lui présentant la requête des confédérés, dans laquelle ceux-ci demandaient qu'on rejetât le décret établissant l'Inquisition dans les Pays-Bas, et qu'on modifiât les édits du concile de Trente, touchant la religion catholique. Henri de Brederode, debout, cuirassé, précède ses compagnons groupés autour de lui, à la droite du spectateur.

Du côté opposé, le comte de Berlaimont, penché vers Marguerite, paraît dire les paroles que l'histoire nous a conservées : « *Madame, rassurez-vous, ce ne sont que des gueux!* » Près de la vice-reine, d'autres seigneurs laissent deviner sur leurs physionomies les sensations diverses qu'ils éprouvent.

Presque toutes les têtes sont des portraits, qui, pour être de petite dimension (demi-nature, à peu près), n'en sont pas moins très-reconnaissables.

Outre ceux des personnages que j'ai déjà nommés, on remarque ceux de Philippe de Croy, de Guillaume le Taciturne, de Louis de Nassau, du comte de Horn, du comte d'Egmont et d'autres qu'il serait superflu d'énumérer. Je ne dis pas que ce tableau soit exempt de défauts ; on pourrait en relever dans le dessin, et même d'assez nombreux ; peut-être, aussi, en trouverait-on dans la distribution et dans l'harmonie générale de la couleur ; cependant, je suis certain de ne pas me tromper, en affirmant que les qualités l'emportent et que cette œuvre est une des bien méritantes du Salon. Toutefois, si je connaissais l'auteur, je me permettrais de lui adresser un avis : lorsqu'on est habile comme il l'est, on peut, on doit s'abstenir de l'imitation, je ne dis pas servile, mais trop sensible du faire d'autrui, ce faire fût-il celui de Rubens.

Les touches trop rosées des contours et des chairs de ce maître ont leur excuse dans les effets qu'il savait en tirer, et, en disant qu'elles sont excusables, je m'avance beaucoup, car ce qui n'est pas dans la nature devient du maniérisme, et le maniérisme entraîne la perte de l'art. Je regretterai toujours l'imitation qui exclut l'originalité, qualité essentielle de l'artiste. Je la blâmerai fortement, quand elle s'attache à reproduire un défaut ; je la blâmerai encore davantage, quand celui qui en abuse, ou, si vous aimez mieux, qui en use, a des ailes assez fortes pour que son propre vol pût l'élever très-haut.

A présent, me voici abordant la partie principale de l'Exposition, tant pour le nombre des productions, que pour leur mérite relatif. Les tableaux de genre ont toujours été le côté par lequel a brillé l'École flamande, et cet honneur leur reste encore. En commençant, je vous ai dit qu'il en était ainsi, et vous allez le voir démontré ; mais mon embarras est grand : je demeure indécis et ne sachant par quel bout il me faut commencer, tant la matière est vaste. Et puis, accueillez, en patience, un aveu que je vous veux faire : soit qu'en maniant une langue étrangère, je ne la possède point assez, pour varier les expressions descriptives, laudatives ou improbatives ; soit qu'en réalité le français ne possède qu'un vocabulaire trop restreint comparativement à ma langue natale, je me sens obligé à des répétitions de mots qui finiront par vous fatiguer peut-être, de quelque bonne volonté que vous soyez animé à mon égard.

Je vais donc me jeter au hasard au-devant de ce qui m'a

frappé parmi les tableaux de genre qui honorent l'Exposition de Bruxelles. Je resserrerai, plus que jamais, les bornes que je m'étais tracées, choisissant quelques exemples qui vous feront comprendre et deviner ceux sur lesquels je garderai, quoique à regret, le silence.

D'ailleurs, l'Ecole d'Anvers, qui règne en maîtresse presque absolue sur cette branche de la peinture, a un type unique, adopté presque généralement par ses adeptes, en sorte qu'on peut sans crainte leur appliquer le *ab uno disce omnes*, et, sauf l'indication du sujet des tableaux, se borner à classer alphabétiquement les noms des peintres, pour que la revue soit complète.

Ce type de l'École d'Anvers, c'est le choix de compositions gracieuses, prises parmi les habitudes populaires de la Flandre; c'est l'étude sérieuse de toutes les parties du tableau; c'est le fini minutieux des contours, l'expression des détails; c'est le soin de la couleur, fondue toujours, parfois brillante, souvent monotone, même dans ses variétés; enfin, c'est un air de ressemblance avec certaines productions de Rubens et de Téniers, ce qui prouve, à l'évidence, que si ces œuvres ne sont pas d'un seul auteur, elles appartiennent du moins à la même famille.

En dehors de cette Ecole ou méthode d'Anvers, il y a un petit nombre d'esprits indépendants qui se frayent un autre chemin. Loin de les blâmer, qu'honneur leur soit rendu, et qu'ils reçoivent tous les encouragements dont leurs efforts les font dignes. C'est ainsi que le progrès s'opère, et que l'émulation maintient le progrès, comme le croisement (pardon de la comparaison) améliore et maintient les races animales. Je signalerai ces élus avec bonheur, et m'écarterai volontiers, à leur égard, de la réserve que je me suis tout nouvellement imposée.

Mais, avant tout, et hors ligne, qu'il soit question de deux tableaux de M. Louis Gallait : *Le Tasse*, et *La Famille du prisonnier* (nᵒˢ 386 *bis* et 385).

Il serait difficile de rencontrer une démonstration plus évidente de l'injustice humaine, que celle inscrite dans la vie malheureuse de l'illustre poëte, qui, chantant, dans les vers les plus purs et les plus mélodieux de la plus mélodieuse des langues modernes, la délivrance du tombeau du Christ et le triomphe des armes chrétiennes, rendit immortelle la gloire des Flandres, la gloire d'avoir donné un chef à tout un peuple de chevaliers, de comtes, de ducs et de rois.

Un essaim d'envieux s'attaqua au génie puissant, né au milieu des parfums, que les bosquets de Sorrente prodiguent à la brise qui effleure de ses ailes légères les vagues bleues de la mer Méditerranée.

Trop faible, trop impressionnable pour s'avancer, avec la tranquillité de sa force, tel que le prince des Contes arabes, au milieu des croassements de ces médiocrités qu'il laissait en arrière de lui, ce génie fut saisi d'une surexcitation fébrile. Les méchants se réjouirent à ce trouble, et ils en firent l'arme visible de la persécution matérielle qu'ils provoquaient, de même qu'ils avaient provoqué de tous leurs efforts la persécution morale. On vit alors un duc de Ferrare, qui affectait de protéger les beaux esprits, les arts et les sciences de l'Italie, on le vit, cédant à un mouvement funeste, ordonner que le chantre de la *Jérusalem*, atteint de folie, disait-il, fût séquestré dans une cellule d'hôpital!

Peut-être, le duc Alphonse vengeait-il sourdement son orgueil, blessé par l'amour que le Tasse ressentait, dit-on, pour une princesse sa sœur, comme si, des chastes hommages d'un si grand poëte, pouvait jaillir autre chose que los et honneur.

Frappé à mort dans ses sentiments les plus nobles, l'émule de Virgile ne quitta l'hospice que pour aller s'éteindre à Rome, la veille du triomphe qui lui était préparé au Capitole, et pour reposer sous l'humble pierre, qui pendant des siècles indiqua seule, au voyageur étonné, la dernière demeure d'un poëte dont le nom et la gloire remplirent le monde.

M. Gallait (n° 386 *bis*) a peint le Tasse méditant dans sa prison. Assis près d'une table, le regard fixe et pensif, il soutient avec ses mains sa jambe droite, ramenée sur son genou gauche. Un volume ouvert, la *Jérusalem* je suppose, et une jatte de terre, sont à ses pieds. Le soleil, pénétrant par une étroite lucarne, qu'on ne voit pas, mais qu'on devine, frappe en plein les mains, et s'interpose entre le spectateur et le reste de la figure, qui se trouve ainsi dans cette demi-teinte, où les yeux éblouis voient les objets placés au delà du voile d'une lumière forte et brillante, et des mille atomes qui voltigent aux rayons de l'astre du jour, changés en poussière impalpable d'or et de diamant.

Les lambeaux d'un manteau de couleur grise, jetés sur certaines parties, dénoncent et augmentent la misère et le dénûment qui planent sur cette scène. Les traits du Tasse sont tels que la tradition nous les a conservés, si ce n'est que la maigreur les rend encore plus intéressants.

Le peintre n'avait, en cette circonstance, qu'à suivre les données traditionnelles ; mais, puisque j'en ai l'occasion, je ne puis m'empêcher de vous dire que la tradition se trompe. Quand le poëte fut mort, un certain Rescio, ambassadeur de je ne sais quelle puissance, de Suède je crois, qui était de ses amis, voulut qu'on moulât le masque du cadavre. Du moule, on tira deux terres cuites. Le Serassi raconte le fait, si mes souvenirs ne me trompent. Une de ces deux terres cuites, conservant, jusqu'à un certain point, les apparences de la mort, est heureusement à Rome, dans la bibliothèque de ma famille. Elle nous montre une physionomie tout autre que celle que l'on donne d'habitude au Tasse, et bien plus expressive, bien plus caractéristique.

Je me suis proposé depuis longtemps de la faire graver, en l'accompagnant d'une notice, mais des occupations incessantes m'en ont toujours empêché.

Et que ce Rescio fut l'ami du poëte, cela résulte non-seulement de l'histoire de sa vie, mais aussi d'un document précieux qui est également dans ma bibliothèque.

Sur un exemplaire de la *Gerusalemme conquistata*, imprimée Rome, par Gul. Facciotti, il y a une octave d'envoi pour cet

ami, écrite de la main de l'auteur, et qui commence par ces
vers :

> « *Rescio* se salirò l'alpestre monte
> « Portato a vol da miei toscani carmi,
> « Giunto dirò con vergognosa fronte
> « Ond'ha tanti il tuo Re cavalli ed armi ?

Maintenant, pour revenir au tableau de M. Gallait, il m'est
impossible de ne pas proclamer sa beauté et son mérite. La
figure du Tasse est admirablement composée : la fixité du regard, la pose de la tête un peu inclinée, recèlent une profondeur
de pensée, qui ne peut être comprise, je le crains, que du petit
nombre des spectateurs. Ce n'est pas l'inspiration de la Poésie ;
c'est le recueillement d'un homme qui songe, qui passe en
revue ses souvenirs, et qui compare les brillantes espérances
que le sentiment de sa valeur lui avait fait concevoir, avec l'état
d'abaissement et de douleur auquel il se voit réduit. L'idée est
pleine de philosophie. Cette toile, mise sous les yeux de quiconque, élevé dans les régions du bonheur et de la puissance,
se croirait assuré des faveurs de la fortune, doit l'obliger à un
retour sur lui-même et le faire trembler, en lui montrant l'in-
stabilité des vicissitudes auxquelles est assujettie la carrière la
plus justement glorieuse.

L'exécution de ce tableau est digne de tout éloge. Les mains,
cette partie si difficile de l'art, sont dessinées et rendues avec
un savoir profond. M. Gallait affectionne le contraste de la lumière et des ombres, à la manière large des meilleurs peintres
espagnols ; on rencontre, dans son travail, la vérité du style de
ces derniers, tempérée par la noblesse et le choix des formes.
Peut- être, l'ensemble de ce tableau est-il un peu noir, et si le
temps venait par malheur l'assombrir encore, on aurait à regretter, ce que j'ai regretté dans quelques tableaux des Carraches, la perte des effets et de la gradation des nuances.

Au surplus, si j'en juge par *la Famille du prisonnier* (n° 385),
que je vais vous décrire, cette circonstance est toute spéciale
et ne se reproduit pas habituellement dans le faire du maître.

Une pensée, encore plutôt qu'un événement, forme la donnée

de cette composition. La muraille sombre d'une prison fait le fond du tableau. On reconnaît la destination de l'édifice, à l'épaisseur de la grille qui garnit une étroite fenêtre s'ouvrant en face du spectateur. Au-dessous de cette fenêtre, gît, accroupie, la femme du prisonnier.

Elle porte, sur son bras gauche, le plus jeune de ses deux enfants. A sa droite, debout, la tête et les yeux tournés vers la prison, la bouche entr'ouverte par un sourire de satisfaction, se tient l'autre fils, qui vient de tirer d'un violon des sons qui semblent encore vibrer dans l'air. La mère arrête la main armée de l'archet ; deux larmes tombent de ses yeux ; elle écoute la voix de son époux invisible, qui, reconnaissant la mélodie, y répond et se mêle, autant qu'il en a le pouvoir, à la présence de sa famille.

C'est en vain que la plume essayerait de rendre ce qu'il y a de suavité touchante dans le contentement du joueur de violon, enchanté de voir que sa tentative ait réussi ; dans le bonheur et l'affliction résignée de la femme, aspirant avidement les paroles ou les chants qui filtrent à travers cette muraille.

L'insouciance du petit enfant, délicieuse de simplicité naïve, relève l'expression des autres personnages et la rehausse, pour ainsi dire. Quiconque sait exprimer ainsi avec le pinceau les sensations de l'âme, est, il faut le reconnaître, arrivé au point culminant de l'art ; il l'a même changé de nature, car il en a fait une science.

Je vous ai dit que M. Gallait affectionnait les maîtres espagnols ; cette toile me confirme dans mon appréciation, car j'y vois l'éclat et le rendu des chairs, le parti large et la couleur des étoffes de Murillo. J'y vois aussi beaucoup de cette belle lumière qui charme dans les œuvres de ce maître, et pourtant j'y trouve plus de résolution dans les ombres et dans les effets du clair-obscur. Tenez, M. Gallait me semble exécuter ses tableaux à l'instar de ceux que faisait Murillo, quand il voulait prouver qu'il savait peindre avec autant de force que Ribeira.

M. Gallait a encore un troisième tableau : « *Une sentinelle croate en alerte* (n° 386). C'est bien peint... Mais je ne saurais rien ajouter à ce que j'ai dit, en parlant des deux toiles précédentes.

M. Troost, d'Anvers, a représenté *Roland de Lassus, chantant les Psaumes de la pénitence devant Charles IX* (n° 957); deux figures, un peu moins grandes que nature; la première de profil, assise devant l'orgue; la seconde, presqu'entièrement de face, écoutant avec une attention recueillie.

L'élégance de la composition, la vérité et la noblesse du sentiment m'ont captivé dès le premier jour, et pas une de mes nombreuses visites au Salon ne s'est passée, sans que je me sois procuré le plaisir de revoir cette production.

M. Troost est un des peintres d'Anvers, qui, voulant se faire un style propre, ont abandonné le style caractéristique de l'École. Assez bon dessinateur, assez bon coloriste, il affecte quelque maigreur dans les formes, et sa couleur, quoique vigoureuse, est un peu *basse*. Ces défauts sont bien les siens, car je les ai retrouvés dans un petit tableau de lui, *l'Album de Salvator Rosa*, qui a du bon cependant.

Dans le tableau de *Roland de Lassus*, l'inspiration du musicien, le portrait de Charles IX, les velours et les orfévreries, sont rendus d'une main ferme et habile.

M. Bource (Henry), également d'Anvers, a représenté *La fille de Jephté et ses compagnes* (n° 93). M. Bource déserte aussi les méthodes anversoises, pour incliner vers l'École française. Le groupe des jeunes filles est charmant de composition, d'élégance et de dessin. Malheureusement, toutes ces qualités sont contrariées par le coloris, qui est tel qu'on dirait la peinture cachée par un voile noir : phénomène d'autant plus incompréhensible que Jephté, sa fille et les compagnes de celle-ci, vivaient sous le ciel pur et resplendissant de la Terre promise.

La Dame à l'anneau d'or, épisode de la destruction d'Herculanum, de M. Stallaert, de Tournay (n° 897), est un charmant petit tableau, largement et soigneusement conduit, d'un bel effet de lumière, et très-agréable à voir.

Le retour de Heemskerk et de ses compagnons, après un hi-

vernage à la Nouvelle-Zemble (n °1095), de **M. Wittkamp**, d'Anvers, a été exécuté dans la manière de Géricault, moins le
savoir profond de ce grand peintre qu'on peut appeler le Guerchin de la France. On ne saurait nier les qualités nombreuses
qui recommandent cette composition ; mais, en l'examinant,
on se sent entraîné à la réminiscence du naufrage de *la Méduse*,
et alors la comparaison n'est plus soutenable. Il en est toujours ainsi, quand le sujet et l'imitation s'approchent de certains chefs-d'œuvre connus et admirés généralement. Ceux qui
osent affronter ce rapprochement ne se rendent pas bien compte
de l'écueil fatal contre lequel ils vont briser leurs efforts.

M. de Landtsheer (n° 227), retraçant un *Trait de dévouement de l'infante Isabelle*, veuve de l'archiduc Albert, laquelle
fit porter ses joyaux au mont-de-piété, pour venir en aide à la
cause de son pays, nous a donné un très-joli spécimen de son
talent ; dans ce tableau, tout est bien, tout est vrai, et je n'aurais rien trouvé à redire, si les figures n'eussent été un peu
trapues, ce qui nuit à l'élégance de l'ensemble.

Depuis quelque temps, une tendance fâcheuse s'est développée parmi quelques artistes. Ils se sont attachés à reproduire,
dans les œuvres qui sortent toutes fraîches de leur palette, les
effets que la vieillesse a incrustés, pour ainsi dire, dans les tableaux des anciens maîtres. Pourtant, il est facile de prévoir les
inconvénients d'un tel procédé, et de deviner ses résultats infaillibles. Ou les vieux maîtres ont peint la nature réelle, ce qui
n'est pas douteux, ou ils s'en sont créé une de convention ?
Dans le premier cas, on croira, sans peine, que, s'ils pouvaient
revivre et revoir aujourd'hui les productions de leurs pinceaux,
ils seraient navrés de la transformation que le temps a fait subir au coloris, et ils se prendraient à regretter de n'avoir pas
prévu cette influence inévitable et funeste, afin de la rendre
impuissante par des compensations habilement calculées. Dans
le second cas, on ne devrait pas suivre leur fausse route, ni
se fourvoyer avec eux. Si vos toiles, humides encore, se couvrent d'une couleur bistreuse, ou si la lumière qui les éclaire
est déjà grise et verdâtre en quittant vos ateliers, que devien

dront-elles, quand le noir des ombres, suivant la loi de sa nature, aura repoussé, ou quand le blanc des clairs, mélangé aux vernis, se sera oxygéné, et aura sali les tons primitifs? Voilà ce qu'il serait bon de se demander, quand on a en main la palette et le pinceau; et, certes, on ne sacrifierait pas à une illusion du moment tout l'avenir d'une bonne renommée.

M. Schaefels, d'Anvers, montre cette tendance dans son *Intérieur de la maison de Rubens* (n. 852). La lumière, qui passe à travers les arcades de l'architecture, est verte. Tous les effets s'en ressentent, car il fallait les harmoniser; et les figures, très-habilement touchées, d'ailleurs, en prennent une apparence tant soit peu fantastique, qui est très-éloignée de la nature. Je ne dis pas qu'au premier aspect l'impression soit désagréable, et je me rappelle avoir vu dans Watteau, et surtout dans ses élèves, quelque chose d'analogue; mais le plus léger examen, vis-à-vis d'une peinture faite dans ce système, repousse la première impression, et la remplace par le sentiment de regret qu'on éprouve, lorsqu'on voit un homme de mérite prendre volontairement une direction qui peut le conduire à sa perte.

Sans cette circonstance malheureuse, le tableau de M. Schaefels, à part quelques incorrections de dessin, aurait été un des plus élégants du Salon.

Dans *la Famille du supplicié* (n° 464), M. Hamman a vieilli sa couleur : on dirait que cette œuvre date de plus d'un siècle. Il en est de même, mais à un degré moins sensible, de la *Messe d'Adrien Willaert* (n° 461), un des meilleurs tableaux de genre historique qui aient été exposés. Ensuite, comme pour démontrer l'affectation qu'il avait mise à dessein dans ces peintures, le même maître a donné, dans son délicieux *Réveil de Montaigne enfant* (n° 462), le spécimen le plus concluant de son savoir-faire de coloriste. A quoi attribuer ces différences, si ce n'est au penchant fâcheux que je vous ai signalé?

En vain dirait-on, pour l'excuser, qu'il a voulu assortir les tons au sujet. Dans ce cas-là, il ne pourrait être question que

du choix des étoffes et de la sobriété des autres accessoires ;
mais les chairs, les métaux, les plantes, ayant des reflets in-
variables qui leur appartiennent, ne doivent pas, au caprice du
peintre, se transformer en un mélange de noir, de gris et de
jaune, ou affecter de grandes masses sans équilibre et sans
gradations.

Il me reste maintenant à vous entretenir de ce que j'appelle-
rai la véritable École d'Anvers, celle dont je vous ai dit un mot
au commencement de cette Lettre, et qui a pour chef, comme je
le suppose, M. Ferdinand Braeckeleer. L'Exposition ne possé-
dait de ce maître qu'une seule production (n° 178), *les Espiégles*,
peints pour M. Couteaux. Au marché, un vieux paysan, ayant un
panier rempli de pommes sous le bras, montre le poing à un
enfant, porteur d'une manne contenant du poisson. Une petite
fille, favorisée par la manœuvre de l'enfant qui a mis en colère
le vieux bonhomme, enlève les pommes, objet de sa convoi-
tisé. Tout autour, des spectateurs se réjouissent de la décon-
venue du rageur et de l'espiéglerie des deux enfants ; d'autres
groupes sont occupés d'achat et de vente. Belle composition,
bien entendue, bien équilibrée, excellent dessin, choix des détails, fini parfait, expression remarquable, coloris transparent,
quoique monotone peut-être dans sa splendeur et sa limpidité.
Tel est le résumé de l'œuvre de M. Braeckelaer. Derrière lui, il
y a une petite légion d'adeptes, se reproduisant tous, à l'envi les
uns des autres, tous cependant restant à des degrés plus ou moins
éloignés du chef de l'École. Je citerai, entre cent, M. Horgnies,
dans les *Images de la Bible* et dans l'*Oiseleur* (n°s 488 et
489) ; M. Janssens, dans la demi-figure du *Musicien de cam-
pagne* (n° 516) ; M. Knudden, dans le *Repas des chasseurs* et dans
l'*Amateur d'huîtres* (n°s 546 et 547), quoique, dans son *Jeu
du tonneau*, gracieuse composition, genre de Téniers (n° 545),
il se soit montré plus indépendant ; M. Van Regemorter,
dans le *Repos des Voyageurs* (n° 1025) ; M. Hunin, dans le
Retour de l'ouvrier (n° 497). Je ferai une mention toute particulière de la *Discussion*, de M. Herinckx (n° 480), toile des plus
jolies, tant pour la gracieuseté et le naturel de l'ensemble, que

pour la vérité des expressions et des poses, la finesse de l'exécution, la vigueur et le relief du coloris.

Je citerai aussi, avec beaucoup d'éloges, le *Portrait de Daniel Seghers* (n° 549), dont l'auteur, M. Kremer, a tiré parti, pour mettre en évidence sa rare habileté à représenter les fleurs, non pas dans le style à procédés qu'on met en honneur depuis quelque temps, mais dans la bonne manière, suivie autrefois par Murillo, Rubens, et par Daniel Seghers lui-même.

Un artiste, qui, tout en ayant pris le bon côté de la route frayée par M. Bracckeleer, s'en est écarté pour éviter les écueils et se faire une manière à lui, a présenté au Salon un tableau de vaste composition, quoique avec de petites figures, *les Trouble-Fête* (n° 641), scène flamande, de la fin du dix-huitième siècle.

Cet artiste s'appelle Madou, et le Gouvernement vient de lui rendre justice, en achetant son œuvre pour qu'elle soit conservée, je crois, au Musée national.

Je n'hésite pas à vous dire que, dans mon opinion, le tableau des *Trouble-Fête* me semble être la production principale de l'École d'Anvers à l'Exposition de Bruxelles. C'est tout simplement la représentation d'un grand estaminet, dans lequel toute la population du village se trouve entassée un jour de kermesse. Vous dire la variété des groupes et de leurs occupations, ce serait abuser de votre temps, sans espoir de parvenir à vous donner une idée de l'animation, de la verve, du mouvement, qui règnent dans un espace de quelques pieds. Au milieu de l'entrain général, se glissent hardiment, gaiement, bruyamment, deux jeunes incroyables, qui cognent leurs voisins, qui poussent tout le monde, qui pincent le menton des plus jolies filles, lesquelles, du reste, ne se montrent pas trop fâchées de l'attaque, et trouvent qu'il est bon de se laisser faire.

Tel n'est pas l'avis de l'Autorité, représentée par un gros et gras bourgmestre, qui dépose sa pipe, enfonce son chapeau, d'un geste menaçant, comme Vernet ou Lepeintre auraient pu faire en pareille circonstance, et qui s'apprête à fondre sur les perturbateurs, avec l'appui des armes respectables du garde champêtre. L'esprit qui brille dans toutes ces figures, la gaieté franche qu'elles respirent, le soin avec lequel elles sont peintes et rendues, la beauté des accessoires, ne sauraient être ni plus parfaits, ni plus attrayants. En cela, M. Madou se rapproche des peintres anversois; mais il diffère d'eux essentiellement dans la touche, qui, chez lui, est vigoureuse, sans cesser d'être fine; dans l'emploi de la couleur, qui est grasse, empâtée, et qui n'affecte pas les tons de la porcelaine ou de l'émail; dans la distribution des effets, qui se balancent, aident au mouvement et au relief des figures, et graduent savamment la perspective.

Si ma voix pouvait parvenir jusqu'à lui, et si elle avait assez de poids pour être écoutée, je me permettrais d'engager M. Madou à donner plus d'attention au dessin, en prenant pour guide la belle nature, plutôt que les exemples d'art plastique, qu'il a sous les yeux dans sa patrie.

Il y a chez certains peintres une aptitude à l'imitation tellement développée, qu'on les voit presque devenir des espèces de Sosies ou de Menechmes, à l'égard des maîtres qu'ils entreprennent d'imiter.

J'ai connu à Rome le chevalier Fidanza, qui, bien que capable de prendre et de conserver un rang distingué parmi les paysagistes, s'était laissé enflammer d'une telle passion pour Claude et pour Le Poussin, qu'il ne peignait plus que des tableaux dans le style de ces maîtres; et cela, avec une perfection si rare, que les plus habiles connaisseurs s'y sont souvent trompés et ont acheté fort cher ses productions, en croyant acquérir celles des illustres maîtres qu'il avait choisis pour modèles. Comme preuve de ces faits, je citerai le procès qu'il dut soutenir contre un amateur, lequel, s'étant laissé prendre à la ressemblance d'un de ses pastiches, se fâcha d'être tombé dans un piége, lorsque, au contraire, il croyait avoir fait une excellente affaire, en profitant de l'ignorance du possesseur d'un vrai Poussin.

Or, en Belgique, ces talents d'imitation ne paraissent pas rares, à en juger par ce que j'ai vu à l'Exposition. Je pourrais citer plusieurs peintres qui se transforment en Téniers, en Ter-bourg, etc. ; je me bornerai à nommer M. Pez, qui, dans la *Leçon de musique* et dans la *Déclaration* (n°s 745 et 746), a reproduit Miéris avec une vérité exceptionnelle.

Quelquefois l'imitation n'est pas heureuse ; car elle dépasse le modèle, et, comme c'est le cas en pareille circonstance, elle en charge les qualités au point d'en faire des défauts. Tel est le sort du tableau de M. Col, représentant la *Distribution de médailles aux bouchers du Bœuf gras* (n° 145). La composition est vaste, quoique confuse ; la touche fine ; mais la couleur, à force de vouloir retrouver les tons de Rubens, est si rougeâtre sur toutes les figures, que l'on dirait que le sang des victimes, sacrifiées à la gloire des triomphateurs, a déteint uniformément sur la toile.

Au moment de quitter les tableaux de genre, je m'aperçois que j'ai gardé le silence sur trois jolis ouvrages qui cependant ont droit à une mention spéciale, tant à cause de leur mérite, que parce qu'ils sortent de l'École flamande et se classent, par leur manière, dans l'École hollandaise. Ces tableaux représentent *Franz Floris, se rendant à la fête du serment de Saint-Luc* (n° 627), par M. Henri Leys ; la *Caisse des veuves* (n° 988), par M. Van der Meer-Mohr, et la *Toilette du Coquillard et du Malingreux* (n° 661), par M. Mathysen. Les deux premiers, qui me paraissent froids et compassés, sont bas dans leurs tons, fins dans leur exécution ; le troisième affecte les allures libres, le coloris chaud et contrasté, les contours incertains et fondus des petits tableaux de Rembrandt. Tous les trois pourtant font honneur aux pinceaux qui les ont produits.

Ainsi que je vous l'ai dit, les portraits ont été peu nombreux : c'est là, à mon idée, une grande amélioration, car les bons portraits sont très-rares, et puis, je ne sais rien de plus insipide, pour le visiteur venu dans l'espoir de reposer ses yeux sur de belles créations, que de se voir poursuivi de tous côtés par les regards fixes d'une série de figures, plus ou moins grotesques, plus ou moins insignifiantes, presque toujours inconnues, et ne pouvant intéresser que l'artiste qui, après les avoir confectionnées comme métier, expose comme réclame ces *Originaux*, fiers d'attirer une fois dans leur vie l'attention du public.

Du temps de Raphaël, de Titien, de Castello, du Dominicain, de Rembrandt, de Rubens, de Van Dyck, de Velasquez, et même de Lebrun, de Mignard et de Greuze, un portrait, par ses accessoires de costume, de coiffure et d'armes, était un tableau ayant ses qualités spéciales et attrayantes, indépendamment de l'expression de la physionomie et de la ressemblance du personnage. De plus, le menu des vivants n'avait pas, aux époques de ces grands artistes, la rage de passer à la postérité, sous la forme d'un magot de famille, et ceux dont on reproduisait les traits étaient ordinairement, ou des hommes que l'histoire devait transmettre aux générations, papes, empereurs, rois, doges, cardinaux, princes, ou des hommes que leurs mérites avaient rendus immortels, savants, guerriers, artistes, ou, enfin, des femmes célèbres par leur naissance, leur beauté, ou quelque rare distinction.

Je comprends seulement ainsi le portrait, et je l'accepterais volontiers dans les Expositions de peinture, si aujourd'hui, comme par le passé, il se renfermait dans les proportions du genre, quoique les affreux et ridicules costumes dont notre prétendu positivisme nous a affublés, la cravate blanche et l'habit noir, les uniformes étriqués et rendus plus mesquins encore par les oripeaux qui les couvrent, soient toujours en contradiction flagrante avec les principes du beau idéal. Mais Monsieur un tel, et Madame une telle, très-connus peut-être dans le cercle de leurs comptoirs, ou parmi un petit nombre d'habitués, peuvent-ils, doivent-ils, je vous le demande, occuper la place d'une œuvre véritable? intercepter peut-être la lumière qui aurait fait valoir une bonne peinture? se goberger à contre-sens, promener leur bourgeoisie insignifiante dans le temple ouvert à la gloire, à l'émulation, au progrès des arts? En France, où cette rage d'exhibition se manifeste plus que partout ailleurs (car elle fournit presque seule, il faut l'avouer, la pâture à une foule de médiocrités qui, sans elle, mourraient de faim), je ne me rappelle avoir vu que quelques portraits d'Ingres et de Paul Delaroche, dignes de compter parmi les productions de l'art; mais, avant tout, celui du père Philippe, peint par Horace Vernet. A la bonne heure! et encore veuillez remarquer qu'Ingres, Paul Delaroche et Vernet, ne consentent pas à s'occuper du premier venu, et ne quittent que rarement leurs études graves et sérieuses, pour descendre à cette partie secondaire de la peinture.

Pour ce qui est des portraits de l'Exposition de Bruxelles, je ne m'arrêterai qu'à ceux de MM. Navez et Gallait, qui tiennent les premières places dans la hiérarchie des artistes. A l'égard de M. Gallait, je ne pourrais rien ajouter aux observations et aux éloges que ses ouvrages m'ont inspirés. Le portrait, exposé sous le n° 587, confirme tout ce que j'ai dit du peintre.

Quant à M. Navez, je n'ai qu'un regret, c'est qu'il se soit borné à exposer trois beaux portraits (n°s 693, 694 et 695), car un talent comme le sien aurait dû concourir, sur une plus large échelle, au lustre de l'Exposition nationale. Peut-être est-il rassasié de succès et de renommée; mais, s'il a fait assez pour sa gloire personnelle, il n'a pas le droit de priver son pays, qui l'a vu grandir et qui est fier de le posséder, de l'éclat que ses œuvres répandent sur l'École flamande et belge. Aussi, le Comité de l'Exposition, pour réparer, autant qu'il en avait le pouvoir, la négligence de cet enfant oublieux, l'a-t-il forcé à intervenir dans la fête, en offrant comme prime aux souscripteurs d'actions de la loterie une magnifique gravure de *La Sainte Famille*, dont je vous ai parlé dans les premières pages de ma Lettre.

M. Navez réunit toutes les qualités qui font les grands peintres; son savoir est profond, et il se distingue, quand il veut, par une noblesse de style, de dessin, de composition, que l'Italie lui a révélée, et qu'il s'efforce d'implanter dans sa patrie, inutilement peut-être, parce que les conditions physiques et les habitudes locales ont, sur les productions artistiques, plus d'influence qu'on ne le pense généralement. Ses portraits parlent, regardent, sourient; le sang circule sous l'épiderme; les cheveux flottent au vent ; l'intelligence se manifeste par les yeux, et, pour tout dire en un mot, c'est la nature prise sur le fait.

M. Van Maldeghem a aussi un beau talent pour les portraits, et je me croirais injuste si je ne reconnaissais que celui qui figure sous le n° 1009, présente une touche, une expression, un ensemble, tout à fait satisfaisants.

Passons maintenant, de la représentation de l'image des hommes, à celle des animaux. Nous rencontrons, en première ligne, M. Louis Robbe, bon avocat, musicien distingué, en même temps que peintre de premier ordre.

Sa *Campine*, paysage avec bestiaux (n° 791), a été, à ce qu'on m'assure, acquis par le Gouvernement.

Et d'abord, la Campine est un pays affectionné par les paysagistes belges, si je dois en juger par le nombre de ceux qui se sont attachés à la reproduire.

Je m'explique mal ce penchant. La Campine, c'est le désert, moins les sables ; les steppes de la Tartarie, moins les sapins et les neiges ; la solitude et le dénûment de certaines parties de la Pouille, moins le soleil. Des étendues immenses que l'œil ne peut embrasser, pas une colline, pas un arbre, des herbages grossiers, des bruyères, des broussailles rabougries, des sentiers effondrés, plutôt des ravins que des sentiers, un ciel gris et chargé des vapeurs de la mer, voilà la Campine. Or, si vous peignez Moïse conduisant le peuple d'Israël dans son expiation de quarante années, si vous représentez saint Louis mourant sur la terre des infidèles, ou une compagnie de pionniers à la recherche d'un nouvel établissement, ou bien des chasseurs de bison, dans les solitudes de l'Amérique du Nord, je conçois que vous preniez le désert ou la prairie comme fond de votre toile ; mais, quand vous voulez peindre un paysage pour lui-même, quand ce paysage est le sujet et non l'accessoire du tableau, que vous choisissiez la négation, pour ainsi dire, de votre art, voilà ce que je ne saurais concevoir jamais.

Il faut de la science, il est vrai, pour rendre, par les gradations de la lumière, la perspective de l'espace ; mais le savoir est un abus, lorsque, sans raison plausible, sans enseignement, comme sans agrément pour l'observateur, on le fait servir à exprimer ce que la nature a fait de moins beau et de plus simple, pour ne pas dire de plus monotone et de plus affligeant.

Dans le tableau de M. Louis Robbe, la Campine n'est, heureusement, qu'un prétexte. Il avait à représenter un magnifique troupeau de vaches, et il a voulu que nul autre objet ne vînt distraire l'attention du spectateur. Il a parfaitement réussi, et il a donc eu raison de faire ce qu'il a fait. Figurez-vous de l'herbe véritable, de l'eau véritable, et voyez sur cette herbe, autour de cette eau ondulée, ridée par le vent, voyez se mouvoir, s'appeler, mugir une vingtaine de vaches, avec leur taureau et leurs gardiens. Voilà ce qu'a fait M. Robbe : il a fait tout simplement la nature vivante. J'ai cherché un point à critiquer, car enfin il faut bien un peu de critique, ne fût-ce que pour faire valoir les éloges; je n'ai trouvé, j'ose à peine vous le dire, je n'ai trouvé à m'en prendre qu'aux vastes dimensions de la toile, et je me suis alors demandé si la main de l'artiste, qui me paraît supérieurement faite aux grandes masses, saurait exécuter avec le même bonheur une répétition de son œuvre, sur une toile proportionnée au format des tableaux de mon cabinet. C'est donc plutôt un sentiment de convoitise, qu'une critique qui m'a passé par la tête, et, en vous l'avouant, je vous donne la mesure de l'impression que cette belle page a laissée dans mon esprit.

Après M. Robbe, la distance est immense.

M. Verboeckoven n'a rien exposé, ou, pour mieux dire, il n'a fait qu'apparaître dans un charmant paysage de M. Édouard de Vigne, de Gand, dont les figurines et les bestiaux sont de lui (n° 287).

M. Stocquart a la touche fine : ses *Animaux au pâturage* (n° 913), son *Troupeau à l'approche de l'orage* (n° 914), vendu à M. Vandenberguen, le prouvent assez; mais sa couleur est trop haute, particulièrement dans le second de ces deux tableaux : ses contours sont trop arrêtés; car, en plein air, les émanations, les mouvements atmosphériques, à moins de certains cas exceptionnels, fondent, pour ainsi dire, les contours des objets et les rendent presque indéterminés; et puis, le vert des herbages et des plantes est trop éclatant, ce qui peut s'attribuer à la nécessité d'harmoniser le paysage avec les robes des animaux. J'aime mieux le *Bétail revenant du pâturage* (n° 961), et les *Moutons surpris par la pluie*, de M. Edmond T'schaggeny, pleins de moelleux et de naturel, et j'aime autant le *Passage d'animaux dans les Dunes* (n° 527), de M. Jones. En somme, à part le troupeau de M. Robbe, il n'y a rien de bien saillant dans les peintures d'animaux.

Le paysage, au contraire, sous le double rapport du nombre et du mérite, a une large part dans l'Exposition, et il devrait me retenir plus longtemps, s'il était possible à la plume de rendre, même approximativement, l'aspect des divers ouvrages de ce genre. Les arbres, la perspective aérienne, la lumière, quelquefois de l'eau et des rochers, souvent des cabanes, des édifices, des villages, voilà les éléments constants de cette branche de la peinture. L'habileté de l'artiste les reproduit avec plus ou moins de vérité, les place avec plus ou moins de goût; mais ces nuances, ces variétés infinies, qui font un Claude ou le dernier des barbouilleurs, ne se jugent qu'au *voir*. Les descriptions se répéteraient toutes, à peu de chose près, et il n'y aurait que la mise en relief des défauts et des qualités, qui pût établir une différence entre chaque production. Or, ce mode de procéder me semble fastidieux, et je me décide à diviser en quatre classes générales les manières diverses, que j'ai rencontrées parmi les paysagistes de toutes les époques et de toutes les Écoles, en me bornant à vous citer quelques noms de maîtres.

Voici les quatre classes qu'on peut établir dans la peinture de paysage, ancienne et moderne :

1° La manière *classique*, celle à laquelle nous ont habitué Claude, le Poussin, Both d'Italie, le Dominiquin, et quelquefois Salvator Rosa ;

2° La manière *flamande-hollandaise*, qui est celle de Rubens, Téniers, Hobbema, Ruisdaël ;.

3° La manière *romantique* ;

4° La manière *excentrique*.

Je n'ai pas besoin de définir ce que j'entends par *manière classique* : les noms cités expliquent suffisamment ma pensée. La nature a été, pour ainsi dire, embellie par les paysagistes de cette première classe ; les parties qui composent leurs tableaux sont toutes d'une vérité irréprochable, mais la disposition et l'arrangement de ces parties sont tels, qu'elles forment un tout qui pourrait exister, et que cependant on chercherait en vain sur la terre. Ce faire n'est que l'application du principe enseigné et pratiqué par les Grecs : le choix et l'assemblage du Beau, pour produire le Parfait.

Les paysagistes belges, qui appartiennent à la *manière classique*, ont poussé si loin, et selon moi avec raison, l'application de ce principe, que, même en voulant retracer l'image d'un endroit déterminé, ils ont ajouté presque toujours, dans les avant-plans, quelque accessoire qui a servi admirablement l'effet de leurs tableaux, sans pourtant changer d'une manière sensible l'apparence des lieux qu'ils se proposaient de retracer.

Parmi les sectateurs de cette *manière*, pour moi préférable à toute autre, j'ai rencontré d'abord M. Kindermans, et spécialement son *Site des environs de Bruxelles*, effet de matin (n° 540) ; puis, M. Édouard de Vigne, qui, outre son *Site boisé des environs de Florence* (n° 287), dont M. Verbreckhoven a, comme je l'ai déjà dit, peint les animaux, délicieux tableau s'il en fut jamais, a exposé un autre *Site boisé près de Radicofani*, versant occidental des Apennins (n° 288), dont les tons chauds et bien sentis, la variété et la beauté du feuillage, m'ont rappelé avec bonheur mon pauvre pays :

Ch' Apenin parte, il mar circonda e l' Alpe.

Réminiscence qui a fait circuler dans mon sang cette douce tiédeur, embaumée de parfums, que l'air de la mer, combiné avec les émanations aromatiques des montagnes, répand comme un bienfait spécial dans nos contrées si favorisées par la nature, si amoindries par les hommes.

M. Roffiaen, M. Louis Kuhnen, M. de Haes, M. Keelhoff, M. Demarneffe et d'autres encore, sont dignes des éloges les plus mérités.

Je me suis réservé de mentionner particulièrement le *Soleil couchant*, peinture de Mlle Beernaert (n° 34), parce que, lorsqu'on rencontre un véritable talent chez un sexe pour lequel les usages de la société ont rendu exceptionnelles des études familières aux hommes, on lui doit une justice plus exacte, des encouragements plus délicats, qui le soutiennent dans la voie choisie, où il y a eu à vaincre des difficultés que la volonté et la persévérance ont seules pu surmonter.

Vous savez parfaitement quelle est la manière flamande et hollandaise : représenter la nature telle qu'on la voit, sans l'arranger, sans y ajouter le sentiment ni l'inspiration de l'artiste. C'est là, selon moi, renoncer au rôle de créateur, pour devenir (peut-être mon expression vous paraîtra-t-elle trop forte) simple manœuvre. Entre cette manière et la grande École que j'appelle la *manière classique*, je trouve la distance qui règne entre l'esprit et la matière, entre le poëte et son copiste.

Je ne me dissimule pas que la franchise de mon opinion peut m'attirer une réprobation presque générale de la part des artistes et des critiques d'art, car aujourd'hui la Mode est entièrement d'un avis contraire. Mais que voulez-vous ? Depuis que je suis au monde, je n'ai jamais sacrifié à cette capricieuse et souvent ridicule déesse; dans les grandes comme dans les petites choses, j'ai jalousement conservé mon indépendance, et j'en suis encore, malgré M. Veuillot et l'*Univers*, à préférer Homère et Virgile à Lactance et à saint Isidore, au point de vue littéraire, bien entendu, comme je préfère les paysages de Claude et de Salvator aux paysages de Rubens, d'Ostade et d'Hobbema, en dépit des coureurs de ventes de tableaux et nonobstant les prix énormes que la Mode attache à des productions qui me semblent bien inférieures à celles de l'École classique.

La manière flamande et hollandaise est celle de M. de Schampkeleer, de M. Roelop, de M. de Knyff, de M. Piéron et de M. Redig.

M. de Knyff surtout, dans le *Souvenir de la Campine* (n° **214**), a profité admirablement d'un petit filet d'eau, pour graduer la perspective, au point de faire de sa toile un véritable trompe-l'œil.

Le savoir de ces artistes est incontestable, ainsi que celui de beaucoup d'autres qui suivent les mêmes traces et le même système. Je leur rends pleine justice; seulement je fais mes restrictions, non pas sur leur habileté, mais sur la méthode qu'ils ont choisie.

Notre siècle est au roman : ce qui ne doit pas surprendre, puisque le roman est dans le siècle. Une République, un Empire, des guerres de géants, des efforts d'Hercule, une gloire plus éclatante que celle d'Alexandre, d'Annibal, de César; puis, la Mort, battant des ailes sur un rocher désert, et éteignant le flambeau qui avait éclairé, presque incendié le monde; le retour d'une royauté décrépite, reverdissant dans le sol, où les mains qui l'en avaient arrachée s'étaient agitées trop violemment pour ne pas laisser quelques filets des racines vigoureuses de l'ancienne souche; le partage des nations par la violence, sans discernement, sans égard aux langages, aux mœurs, aux vœux des partagés, mais seulement au poids de la balance et à l'avidité des partageurs; une révolution, sous prétexte de liberté; une royauté nouvelle, imposée à tout un peuple, qui, chaud encore de la bataille, enivré de sa puissance, croyait se donner, quand on le livrait comme une marchandise achetée à l'avance; puis, encore une révolution, une République, un Empire : voilà ce que les cinquante premières années du dix-neuvième siècle ont entassé dans leur marche, pour étonner la postérité et présenter aux poëtes des âges futurs les sujets les plus fabuleux, rivalisant, sinon surpassant ceux des poëmes de Pulci et de l'Arioste. Aussi, je vous disais que nous ne devions pas être étonnés, si le roman faisait rage et voyait dans notre temps la plus belle époque de son existence. Mais, que le romantisme eût pu se glisser dans les beaux-arts et surtout dans la peinture des paysages, voilà ce que je n'aurais jamais pu croire, à moins de l'avoir vu, de mes propres yeux vu, et, pour ainsi dire, touché du regard.

Or, j'ai vu et je crois. J'ai vu des arbres, qui ne sont pas des arbres, mais bien des spectres, ou mieux des silhouettes d'arbres, sur un fond gris de cendre, ressemblant plutôt à un linceul qu'aux nuages ; j'ai vu de longs bâtons noirs, supportant une chevelure épaisse, sombre, et plus ébouriffée que celle de mon ami Roger de Beauvoir ; j'ai vu des masses de verdure imprimées avec une éponge, plates, uniformes, sans gradation de couleur, sans passage pour l'air. Je ne vous dirai pas les numéros des tableaux, dans lesquels j'ai vu des choses ainsi faites, et d'autres encore plus extraordinaires, si c'est possible.

Les artistes dont je parle sauront bien se reconnaître à mes paroles ; et, comme parmi eux il y a des hommes de jugement et de talent, ils comprendront que l'art, bien que devant nourrir qui s'en occupe, n'est pourtant pas marchandise ; que l'artiste n'est pas un marchand, et qu'il ne suffit pas de mettre en bas d'un tableau : *Vendu à Monsieur un tel*, pour que ce tableau soit digne d'être pris au sérieux. Les mauvais juges qui en sont enthousiastes, et qui, il faut l'avouer, achètent fort cher les objets de leur enthousiasme, passeront rapidement ; le monde ne restera pas longtemps soumis à leur influence, sur la pente funeste où l'entraînent le calcul des juifs, le dévergondage de l'or, la dépravation du goût.

Non, mille fois non, tel n'est pas l'ordre de cette loi éternelle, que Dieu a écrite pour régir les sociétés humaines : revenir à la santé par un remède héroïque, ou marcher à la dissolution et à la mort, pour renaître plus tard sous une forme juvénile et nouvelle. Ainsi mourut le Bas-Empire, et de sa décadence naquit la Barbarie, comme, de la Barbarie, le siècle des Médicis, qui fut un retour au siècle de Périclès.

Votre apparition, peintres romantiques, ne sera donc qu'éphémère; vous passerez rapidement, sans laisser de gloire, ni de regrets, ou bien vous retournerez sur vos pas et travaillerez, non point à créer une nature aux formes nouvelles et fantastiques, aux couleurs bizarres et anonymes, mais à imiter, à embellir celle dont la Providence a combiné la beauté, a ébloui les yeux des mortels, pour qu'ils eussent la preuve sensible de sa sagesse infinie et de sa toute-puissance.

Le roman est l'exagération de la vérité; l'excentricité est la déviation des idées reçues.

Or, ce que j'ai appelé la *manière excentrique* répond parfaitement à cette définition. Tous les peintres se sont attachés à fondre les couleurs, et à rendre, à l'aide du pinceau, cette gradation des nuances que la lumière produit sur les corps. A peine si quelques hardis coloristes se sont permis de poser çà et là quelques coups vifs et tranchants qui fixent un point lumineux, et résolvent un effet.

Les tableaux que je classe dans cette quatrième manière, sont *fabriqués* (c'est le mot) à l'aide d'un procédé mécanique consistant à plaquer les couleurs par masses solides, et à faire de la toile une sorte de mosaïque raboteuse, telle que se montre la véritable mosaïque de verre, avant que la ponce et l'émeri en aient fait disparaître les aspérités.

Dans le jargon du jour, on est convenu d'appeler cela de la *franchise*, et on la paye très-cher; dans le vieux langage, on n'aurait pas même appelé cela des pastiches. O Léonard! ô Raphaël! ô André! ô Carrache! ô Poussin! ô Lesueur! ô Rubens et Téniers, vous-mêmes, quels noms donneriez-vous à ces barbouillages? Quant à moi, je me dis ce que Virgile disait à Dante :

Non ti curar di lor, ma guarda e passa.

Après le Paysage, un mot sur les Marines. Je placerai en première ligne M. Musin, qui a représenté un *Naufrage* (n° 690) avec beaucoup de vérité : ses vagues sont transparentes, légères; les petites figurines qui remplissent les canots sont parfaitément touchées. Je citerai ensuite M. de Winter, qui a exposé un magnifique *Souvenir des côtes de Normandie* (n° 297), effet de lune vraiment magique, et un *Navire échoué sur les côtes de France* (n° 298), acquis par la Commission de la loterie ; M. Claës, qui, dans un *Brouillard du matin sur les bords de l'Escaut* (n° 138), a montré qu'il suivait avec grand succès les traditions classiques de l'illustre Claude. Je citerai également l'*Intérieur du port d'Ostende* (n° 370), de M. Francia, et la *Vue du Bosphore* (n° 50), de M. Berré.

Les peintres belges réussissent beaucoup dans les marines. C'est seulement depuis peu, que cette partie de l'art est parvenue chez eux au degré d'élévation que je me plais à signaler dans les artistes que j'ai nommés.

Claude, Salvator Rosa, Canaletti, avaient fixé les principes du genre ; mais, je dois vous l'avouer, ce qu'ils peignaient, c'était autre chose, à mon avis ; car ils peignaient seulement l'aspect général de la mer, de ses horizons, de ses rivages, de ses îles ; le portrait des vaisseaux qui la sillonnaient ; le mouvement commercial qui avait lieu dans les ports de la Méditerranée et de l'Adriatique ; mais ils ne cherchaient pas à mettre sur la toile la représentation naturelle des phénomènes, que les marées, les vents et les mille causes latentes, réagissant du fond à la surface de la mer, révèlent à l'œil de l'observateur attentif. Quelques peintres hollandais, mais surtout le Français, Joseph Vernet, avaient porté plus loin la perfection imitative. Cependant il restait encore dans leurs peintures une certaine lourdeur, qui empêchait le regard de pénétrer sous la vague et de suivre les effets de l'introduction de l'air dans la masse des eaux, la variation des tons, la graduation des teintes qui s'allument et s'éteignent incessamment par la réfraction de la lumière.

Dès ses débuts, le jeune Gudin modifia profondément les méthodes adoptées, en créant une École qu'il éleva depuis à son apogée. Sous sa main, les replis des ondes n'eurent plus de secrets ; l'écume se convertit en vapeurs ; les limites du rivage se fondirent avec l'Océan, et les nuages de l'air aspirèrent les atomes humides destinés à redescendre en pluie sur la terre pour y porter la vie et la fécondité.

M. Gudin, je ne crains pas de le dire, est un artiste qui a fait, pour le genre qu'il a cultivé, ce que firent pour le leur Raphaël, Michel-Ange, Corrège et Titien; un artiste, qui, comme ces grands maîtres, a été sans précédent et restera probablement sans égal. Je suis très-heureux que l'occasion me soit offerte de rendre justice à un peintre, dont j'aime tant les œuvres, ainsi qu'au pays qui l'a vu naître et l'a comblé des témoignages les plus sincères de reconnaissance et d'admiration.

J'étais tout jeune encore, presque enfant, quand mon père, qui ne laissait échapper aucune circonstance pour m'instruire, me conduisit, à Rome, dans un atelier que je vois toujours, tant les impressions du premier âge se gravent profondément dans notre mémoire. Cet atelier se trouvait aux environs de la place Barberini; il était occupé par M. Granet. Un tableau, le *Chœur du couvent des Capucins*, y occupait la place principale, et je dois le dire, quand je vis cette peinture à travers un tube destiné à réunir et à isoler les rayons visuels, je ne fus pas maître de réprimer l'expression d'un étonnement enfantin, que l'artiste considéra comme la démonstration la plus sincère et la plus directe de l'effet qu'il avait cherché dans son œuvre. Ces petites figurines, sombres et repoussées par la lumière du fond, me semblaient se détacher de leur cadre, se mouvoir et venir à ma rencontre.

J'ai revu, longtemps après, ce tableau, à Paris, au Musée du Luxembourg; et, quoique je fusse habitué alors au mécanisme de la peinture, lequel est sa qualité prédominante, je n'ai pu le revoir, sans subir l'influence de l'impression que j'avais reçue. J'ajouterai que, soit la conséquence de cette première impression, soit que la réflexion et la comparaison m'aient plus tard convaincu, je n'ai jamais compris la peinture des *intérieurs* que comme un habile jeu d'optique, dans lequel la répartition de la lumière joue ou doit jouer le rôle principal.

M. Genisson semble être du même avis; témoin son *Intérieur de l'église de Saint-Jacques à Liége* (n° 411), et particulièrement le *Monument de la famille de Mérode Westerloo*, dans le chœur de l'église de Sainte-Dymphne à Gheel (n° 412). Ce der_ nier tableau, spécialement, par le jour qu'il reçoit en plein sur les contours du monument et par la distribution des ombres, découpe, pour ainsi dire, son architecture, de telle sorte que l'illusion se fait avec beaucoup de bonheur. M. Genisson, à l'exemple de Pagnini, soigne les figures qui animent ses perspectives : elles sont bien senties, bien groupées et d'une touche très-franche. C'est là une qualité qui ne se rencontre pas facilement chez les peintres de perspectives, lesquels, tous ou presque tous, ont recours, pour les accessoires, à l'aide de quelque peintre de genre ou d'histoire.

Le Salon a été fermé, avant que mon attention ait pu se porter sur les tableaux de fleurs, de fruits et de nature morte ; aussi, n'ai-je pas de jugement formé à leur égard.

Vous ne devez pas en être fâché, car cette Lettre, commencée par badinage, a pris des proportions telles, qu'elle est devenue presque indiscrète, et elle peut bien s'attendre à ce que vous la jetiez de côté, sans en avoir achevé la lecture.

Le Pastel, la Miniature et l'Aquarelle étaient médiocrement représentés par les artistes belges ; la Gravure, au contraire, l'était parfaitement, et je n'en veux, pour preuve, que *La Sainte-Famille*, de M. Navez, gravée par M. Desvachez, et le *Petit Maraudeur*, d'après M. F. de Brackeleer, gravé par M. Nauwens. Les progrès de la gravure en Belgique m'ont fait d'autant plus de plaisir, que l'honneur en revient à M. Calamatta, mon compatriote, qui, par son habile enseignement et sa diligente direction, a su transmettre aux graveurs belges les bonnes méthodes, par lui pratiquées et puisées à Rome, où il a fait son éducation artistique en même temps que M. Mercuri, ce prince du burin, cet homme de génie, que nous envient la France et l'Angleterre, et qui a renoncé tout à coup à ses triomphes, en fermant l'oreille aux plus brillantes promesses, pour accourir dans sa patrie et y obéir à la voix souveraine qui l'appelait à relever de la décadence un des établissements les plus renommés du monde, la *Calcographie Camérale*.

4

L'architecture et les habitudes modernes avaient fait abandonner un art que nos ancêtres pratiquaient avec une rare perfection : la peinture sur verre. En effet, les verrières aux mille couleurs et aux formes bizarres devaient mal s'accommoder des lignes froides de nos édifices, imités de ceux des Grecs et des Romains, et plus mal encore de nos habitations particulières, dans lesquelles l'air et la lumière sont, avec raison, je dois en convenir, préférés aux savantes combinaisons de l'art qui les interceptent et les absorbent. Cependant les convulsions religieuses et politiques, en portant la destruction et le pillage dans les monuments consacrés à Dieu, dans les châteaux et les palais des grands, avaient accumulé des mutilations et des ruines, que le sens moral, aussi bien que l'honneur des familles et des nations, eurent hâte de faire disparaître, aussitôt que l'effervescence des passions eut été calmée. Voilà, je pense, la cause principale de la renaissance de la peinture sur verre, et, il faut en convenir, à peine cet art a-t-il reparu, que la science de notre siècle l'a élevé à sa splendeur primitive. Des restaurations, on en vint à la production d'ouvrages nouveaux, imparfaits d'abord, surtout à l'égard de certaines couleurs, si on les compare aux anciens, bientôt aussi parfaits que ceux des meilleures époques. La Belgique, tout émaillée d'églises et d'hôtels merveilleux, la Belgique qui conserve à un si haut degré le sentiment religieux et municipal, ne pouvait rester en arrière dans cette voie retrouvée ; elle n'y est pas restée en effet : on peut même affirmer qu'elle y a pris le premier rang et qu'elle le garde avec éclat.

J'avais déjà admiré les magnifiques restaurations des vitraux de Sainte-Gudule, restaurations que je n'eusse pas soupçonnées, en les voyant, si l'on ne m'avait prévenu de leur existence ; mais, au Salon, en rencontrant les verrières en style roman-byzantin, qui représentent *Sainte Marie, reine des Apôtres* (n° 121), exposées par M. Capronnier, je me suis rappelé que les restaurations des vitraux de Sainte-Gudule lui étaient dues, et, en outre, je n'ai pu me défendre d'un sentiment d'admiration, vis-à-vis de ces nouvelles peintures sur verre si bien composées et si parfaitement exécutées. J'ai désiré alors en savoir davantage sur l'auteur, comme j'ai l'habitude de faire, quand je crois rencontrer un mérite réel. Je suis donc allé aux informations, et j'ai appris que M. Capronnier est non-seulement un artiste des plus distingués, sachant admirablement toutes les ressources et tous les secrets de son art, mais encore un archéologue d'un rare savoir, connaissant parfaitement toutes les phases diverses que la peinture sur verre a parcourues depuis son origine jusqu'à nos jours. C'est à lui, m'assure-t-on, que M. Lévy doit les principaux éléments de son grand ouvrage en cours de publication, ainsi qu'une foule de précieuses données qui rendent cet ouvrage très-recommandable.

Je me propose de faire la connaissance personnelle de M. Capronnier. Je le prierai de m'aider de ses lumières pour la rédaction d'une notice, où je veux exposer ce que l'Italie a fait de plus beau et de plus intéressant dans la fabrication et la coloration du verre.

Venise, avec ses filigranes et ses coupes aux formes bizarres et vaporeuses ; Faenza, Urbino, Florence, avec leurs terres et leurs émaux, présentent à l'écrivain laborieux une ample moisson d'observations et de faits, dignes d'occuper ses loisirs et d'inspirer non-seulement une plume humble et inexpérimentée comme la mienne, mais encore celle d'un illustre talent et d'un homme de science tel que vous.

Cette rapide revue des œuvres de peinture était finie, quand j'ai appris deux nouvelles que je crois devoir vous transmettre. M. Troost, qui, dans son tableau de *Roland Lassus chantant les psaumes de la pénitence devant Charles IX* (n° 957), avait développé un savoir auquel mes éloges rendaient à peine justice, vient de mourir tout jeune encore, enlevé par une cruelle maladie à ses études et aux succès qui l'attendaient infailliblement.

La seconde nouvelle, que je veux vous apprendre, confirmera une de mes appréciations.

On m'assure que la Commission des Beaux-Arts a décidé que le tableau de M. Thomas : *Judas errant pendant la nuit de la condamnation du Christ* (n° 937), serait gravé pour être offert aux souscripteurs d'actions de l'Exposition triennale qui aura lieu en 1857.

A présent, quelques mots sur la Sculpture.

Pauvre sculpture, hélas ! que nos pères chérissaient tant, et que notre progrès égoïste et sacrilége a détrônée, comme il a détrôné les rois, la noblesse, la gloire, tout ce qui était grand, tout ce qui était poétique et sacré, tout jusqu'aux saints, jusqu'à Dieu !

Quand les Indous faisaient, de leurs montagnes, des temples ; quand les Egyptiens, pour élever des temples, transportaient des montagnes sur les bords du Nil ; la sculpture était un art quasi de première nécessité, art dans l'enfance, il est vrai, aux formes bizarres, mais à l'exécution parfaite et d'une fécondité presque infinie.

Lorsque les républiques grecques eurent acquis leur splendeur, la sculpture parvint à produire les merveilles de Delphes, d'Ephèse, de Corinthe, d'Athènes, de Rhodes, et toute cette prodigieuse quantité de statues, de bas-reliefs, d'ornements , que la violence jalouse et conquérante des Romains éparpilla, non-seulement dans Rome, mais encore partout où les patriciens, puissants comme des rois, édifiaient des palais et des maisons de plaisance , assez splendides pour que notre imagination ait de la peine à se les représenter.

Après la Grèce, ce fut le tour de l'Italie : et cette Rome, qui, à sa naissance, avait envahi et heurté la vieille civilisation des Etrusques, sans changer les rudes habitudes de ses cohortes de fer, amollissant ses mœurs au contact de l'élégance attique, fit le siècle d'Auguste, et, dans ce siècle, les mille prodiges écrits sur le papyrus, le bronze et le marbre, prodiges qui sont encore et seront toujours l'admiration et le désespoir des amis du sublime, dans les lettres et les arts.

Avec la décadence de l'empire romain, avec la disparition progressive et bientôt complète du paganisme, la sculpture s'abâtardit et tomba dans l'oubli. Les chefs des hordes barbares, qui envahirent le monde civilisé, n'appréciaient dans la pierre et le marbre, que la force relative de résistance dont cha-

cune de ces matières était susceptible. Statues, colonnes, chapi-
teaux, bas-reliefs, calcinés par les flammes de l'invasion et du
pillage, brisés par la masse et le pic de l'ouvrier, allèrent se
confondre pêle-mêle dans les bastions des informes forteresses,
qui devinrent, plus tard, le nid de la féodalité. D'ailleurs,
l'Olympe avec ses dieux, la patrie avec ses héros, les nations
avec leurs gloires, s'étaient éteints. Que sculpter, quand il ne
restait sur la terre que des maîtres farouches et nombreux, des
esclaves rares et avilis, le désert, le carnage, et l'ignorance
érigée en qualité distinctive? Cependant, au milieu de l'horri-
ble cataclysme de la Barbarie, surgissait lentement une puissance régénératrice, qui répandait les germes d'une civilisation nouvelle.

Le Christ était mort sur la croix, pour la rédemption spiri-
tuelle des hommes; mais sa mort devait aussi profiter à la rédemption matérielle de la société. A la voix qui descendait de
cette croix glorieuse, le flambeau de la raison fit briller quelques étincelles, puis se ralluma tout à coup, et, des hauteurs du
siége où saint Pierre l'avait fixé, il embrasa le monde, relevant
les humbles et faisant courber la tête aux superbes, pour remettre en honneur ce que la force brutale avait vilipendé.

Il fallait rendre sensible aux regards des peuples les préceptes, les exemples de la religion réparatrice; il fallait diriger les
pensées humaines vers Dieu, comme but; vers le culte, comme
moyen. On éleva des temples, aussi magnifiques que le per-
mettaient les connaissances et les ressources de ces siècles
naïfs et encore barbares, et on alla chercher en Orient, où la
tradition des arts avait trouvé un refuge, des ouvriers capables
de fondre en bronze, de tailler dans le marbre, de retracer en
mosaïque les symboles religieux, la Vierge, les Apôtres, les An-
ges, les Saints, ces intercesseurs miséricordieux, qui, en la
présentant au Tout-Puissant, rendent agréable et plus efficace
notre prière.

La résurrection de la sculpture était opérée; le reste ne fut
plus que l'œuvre du Temps et de quelques puissants génies.

En effet, le Temps fit surgir par milliers ces églises gothi-

ques où la pierre semble s'être changée en une végétation fleu-
rie ; où la présence du Dieu créateur est rendue palpable par
l'intelligence, que son émanation a transmise à la créature , et
qui a pu inspirer à celle-ci l'exécution de tant de merveilles ;
puis, le Temps fit surgir encore les palais des villes et des
rois, les manoirs des barons, avec toutes leurs découpures ,
avec toutes ces dentelles travaillées au ciseau , avec tous les
ornements fantastiques de l'architecture orientale, importés par
les Arabes en Espagne , ou trouvés par les Croisés en Asie ;
enfin , le Temps , toujours le Temps , éleva le tombeau de
Jules II et Saint-Pierre de Rome, et vit naître

> Colui che bene al par sculte e colora
> Michel , più che mortal', Angel divino.

Michel-Ange, ce géant de l'art, qui fut plus qu'un homme, un
être surnaturel !

C'était alors l'apogée de la sculpture moderne, qui, cependant, n'avait pas égalé l'ancienne et qui ne devait plus faire
un pas en avant.

Une barbarie nouvelle était éclose de la tête d'un moine, qui
voulait se marier malgré ses vœux. Elle avait grandi sous les
auspices d'un roi débauché, qui, lui aussi, voulait non pas se
marier, mais se remarier, quoique sa première femme fût vivante. Elle avait rencontré une protection intéressée dans les
vassaux de l'Empire d'Allemagne, qui saisissaient avec empressement un prétexte pour se soustraire à l'autorité de l'empereur.
Ce moine, Luther ; ce roi, Henri VIII ; ces princes, plusieurs
palatins et archiducs ; relevant quelques erreurs commises par
des hommes, qui, bien que revêtus du sacerdoce, n'en étaient
pas moins soumis aux passions humaines, ils stigmatisaient du
nom d'abus certaines pratiques introduites dans les croyances
chrétiennes : ils s'en prirent d'abord à la papauté, ensuite aux
saints, puis à la Vierge ; enfin , au cœur même de la religion
catholique, dont ils attaquèrent les dogmes et troublèrent la
divine harmonie. A leur appel, accourut une foule avide de nou-
veauté, foule de gens perdus, restes des Compagnies franches,
flairant de loin le désordre et le pillage.

Il fallait compromettre : les temples furent renversés.

Il fallait attacher les prosélytes au culte nouveau par l'intérêt : les biens de l'Eglise furent confisqués et partagés entre les spoliateurs. Il fallait endurcir par l'orgueil ces spoliateurs : on prêcha que l'unité de doctrine était un assujettissement abrutissant, et que chacun avait reçu du Créateur assez de lumières, pour lire dans les Livres saints, pour les comprendre , pour en démêler les préceptes et les appliquer à sa conduite. Tout homme ne releva plus que de lui-même, et, pour peu qu'il en eût envie, put se croire un apôtre.

Cette seconde barbarie a été presque aussi funeste que la première, à la sculpture.

D'innombrables chefs-d'œuvre détruits, les sources de la production taries ; voilà ses deux conséquences immédiates. L'une est un fait incontestable ; l'autre le deviendra, si l'on réfléchit que la Sculpture ne peut pas, comme sa sœur la Peinture, se résigner aux proportions mesquines. Elle a besoin d'espace ; elle a besoin d'architectures grandioses, de masses qui s'adaptent et s'harmonisent aux siennes. Or, quand le protestantisme eut envahi de vastes royaumes, non-seulement le catholicisme perdit le pouvoir d'y continuer les œuvres d'art, dont il les avait dotés, mais encore il se trouva tellement restreint dans ses ressources pécuniaires, qu'il dût réduire ses bienfaits et ses largesses, même dans les contrées qui lui restaient dévouées.

Si à ce moment les basiliques de Rome n'avaient point existé , elles n'auraient pu s'élever. Ensuite, le doute infiltré dans les esprits, et l'affaiblissement de la foi, qui en était la conséquence, refroidissaient le zèle des nations et des individus restés fidèles, et les rendaient moins portés à appliquer une partie de leur fortune à un hommage plastique, qui *pouvait* déplaire à Dieu ; à un culte des images, qui *pouvait* être sacrilége. Le prosélytisme, auquel les protestants sont si âpres, se glissait partout et soufflait aux oreilles d'insidieuses paroles, qui , bien que rejetées par les consciences, ne manquaient pas de se faire écouter, quand elles s'adressaient à l'avarice des catholiques tièdes ou indifférents.

Il restait pourtant à la sculpture un élément de prospérité : la toute-puissance des rois, qui grandissait resplendissante et arrivait à son comble ; car, des luttes du protestantisme, résultait l'abaissement, l'anéantissement de la féodalité.

Louis XIV put donc renouveler le siècle d'Auguste et de Léon X : Versailles et le Louvre ouvrirent alors une brillante arène aux statuaires habiles, que la protection du grand roi et le génie de Colbert surent encore créer. Mais ce qui avait été fatal au culte de la Divinité ne pouvait manquer de le devenir à l'autorité royale. La liberté de discussion et le droit d'examen, poussés à la licence, faussés par des sophismes, ne pouvaient pas s'arrêter aux choses abstraites du Ciel. Ils devaient s'en prendre aux choses plus directes de la terre, et la négation de la transmission de l'autorité divine au chef de l'Église devait être suivie de la négation de Dieu lui-même, de celle des pouvoirs que les Livres saints déclarent émanés de lui, enfin de la négation des lois sociales, barrière trop gênante pour le Fanatisme, s'égarant dans la fièvre du désir, dans l'aspiration de l'inconnu et de l'impossible. La Royauté fut donc renversée, les autels le furent aussi, et le niveau à double tranchant, passant sur les têtes couronnées, sur les hommes, sur les monuments, sur les souvenirs, s'il n'eut pas la force d'anéantir l'histoire, eut celle de couper les souches séculaires d'où étaient sortis les faits qu'elle raconte, de détruire la noblesse, les fortunes, la famille, et de faire la société telle que nous la voyons de nos jours, égoïste dans les idées, mesquine dans les tendances, petite dans l'immoralité des passions, sans poésie, sans autre goût que celui des richesses, non pour les jouissances dont elles peuvent être la source, mais pour le seul plaisir de la possession.

Aussi, quel est aujourd'hui le sort de la sculpture ? N'ai-je pas eu raison de la plaindre, en commençant à m'occuper du rôle qu'elle a joué dans l'Exposition belge de cette année ? Et encore, je suis bien aise de vous l'annoncer, le hasard veut que je rencontre une de ces rares circonstances, qui, malgré tout, arrivent quelquefois et permettent à cet art déchu de reprendre, pour un instant, le rang qu'il aurait dû toujours conserver.

M. Simonis a livré au public, le 24 septembre, le bas-relief du fronton du Grand-Théâtre, qu'au mois de janvier 1853, le collège des bourgmestre et échevins de Bruxelles lui avait commandé. C'est là toute la part qu'il a voulu prendre au Concours triennal des artistes belges.

Le Grand-Théâtre de Bruxelles est une création du temps de l'Empire. En 1812, M. de Montalivet, ministre de l'intérieur, en approuva les plans. Les vicissitudes politiques empêchèrent l'exécution, qui, remise et commencée en 1817, fut accomplie en 1819, époque à laquelle eut lieu l'ouverture de la salle. Le fronton, supporté par huit colonnes d'ordre ionique, resta seul inachevé; M. Damesme, de Paris, architecte de l'édifice, s'étant borné à n'indiquer, pour le sujet qui devait décorer ce fronton, qu'une lyre supportée par deux génies, et ce sujet ayant été jugé insuffisant.

Le fronton est élevé de 12^m,50, au-dessus du sol de la place; il a une hauteur de 4^m,20, dans le tympan, et une longueur de 18^m,10. Les colonnes, le fronton et l'édifice tout entier, je crois, sont construits en pierre de France.

Vous avez sans doute rencontré plus d'une fois, dans les rues de Londres ou de Paris, des Orientaux ayant conservé leur costume, et allant, tristes, silencieux, enveloppés de la longue tunique et coiffés du turban asiatique, à la recherche d'un rayon qui leur rappelât, comme un rêve rappelle une image chère, le beau soleil du Bosphore, rayon qui, pour un homme du Midi, est la moitié de la vie? Toutes les fois que mes regards se sont fixés, se fixent sur un de ces grands monuments qui, dans le Nord, ont la prétention d'imiter ceux de la Grèce et de Rome, je n'ai pas pu, je ne puis m'empêcher de songer aux Orientaux exilés de leur patrie. Ces hautes colonnades, qui, au lieu du zéphyr aux ailes légères et rafraîchissantes, laissent passer en sifflant la bise froide de l'aquilon, et sous lesquelles, au lieu de l'ombre, si douce quand midi darde ses rayons enflammés, s'entasse la blanche neige ou la pluie changée en verglas ; ces lignes froides et sévères, qui planent sur un amas de masures aux formes disparates et discordantes ; ces pierres, sur lesquelles l'intempérie du climat a incrusté une couche de mousse ou de fumée de charbon ; ces oves et ces acanthes, que la gelée a déchiquetés, tout cela me fait mal, me choque, comme tout ce qui brise la symétrie, comme un son discordant au milieu d'un orchestre. Messieurs les architectes devraient bien, à mon avis, se persuader qu'on n'érige pas, tout exprès, un monument pour leur procurer l'occasion de montrer qu'ils savent leur Vitruve et leur Vignole, mais pour subvenir à des besoins spéciaux, soit de la vie domestique, soit de la vie publique, soit du culte.

Ils devraient se dire que ces trois conditions sont chez nous bien différentes de ce qu'elles étaient chez les anciens qu'ils parodient ; que, d'ailleurs, elles varient avec les climats ; qu'on ne s'habille pas à Saint-Pétersbourg comme on s'habille aux Indes, et qu'une cheminée, qui serait une anomalie à Thèbes, est de nécessité première à Vienne et à Londres.

S'ils voulaient reconnaître ces vérités, qui, pour être simples, n'en sont pas moins grandes et palpables, ils y gagneraient en originalité ; car, en faisant à Paris la Madeleine et la Bourse, telles qu'ils les ont faites, ils n'ont produit que de mauvaises copies du Parthénon d'Athènes ; ils rendraient un immense service à l'humanité, qui aurait des locaux adaptés à ses habitudes ; ils économiseraient les deniers de l'Etat et des villes, qui pourraient ainsi répandre et multiplier leurs bienfaits, et, sans augmenter les sacrifices, doubler les résultats ; enfin, ils feraient preuve de bon sens, ce qui ne serait pas à dédaigner.

Le Grand-Théâtre de Bruxelles a subi cette mauvaise loi commune ; aussi, au beau milieu d'une suite de maisons basses, petites, dont aucunes ont le comble dentelé des Maures et des Espagnols, on voit se prélasser le fronton et les colonnes ioniques ou soi-disant ioniques, que je vous ai décrits. Vous jugez, en me lisant, quel doit être l'effet résultant de cette disparate, et vous apprécierez à première vue les difficultés avec lesquelles le sculpteur se trouvait aux prises.

M. Simonis est un homme d'un grand mérite : tout ce qu'il a produit le prouve; il ne pouvait donc que bien faire, et il a bien fait. Pourtant, avant d'examiner les détails de son bas-relief et d'en discuter les beautés artistiques, je me sens, malgré moi, préoccupé d'un doute. M. Simonis a choisi pour sujet (c'est lui qui nous le fait savoir) l'*Harmonie des passions humaines.* Quelle peut être l'idée de cette expression? Que, dans l'ensemble de la création, les passions inséparables de l'être humain aient une part quelconque à l'équilibre général, je veux bien l'admettre, ainsi que j'admets l'utilité relative des reptiles, des monstres, de la peste, de la maladie et de tous les phénomènes qui troublent et contrarient, en apparence du moins, l'ordre établi dans la nature. Mais, que les passions puissent se concerter et se réunir; que, réunies, elles puissent s'harmoniser, et perdre au contact réciproque les aspérités qui leur sont propres, et produire un accord, et concourir à un même but, voilà ce que je ne saurais pas admettre.

Esthétiquement parlant, il y a là une impossibilité qui me paraît évidente, car la passion cesserait d'être passion, du moment où elle perdrait la violence de son caractère; aussi, je ne puis m'imaginer que telle ait été la pensée de l'artiste.

A-t-il voulu donner à entendre que c'est par les passions humaines que la poésie et la musique composent leurs poëmes et leurs partitions, et corrigent les mœurs en amusant?

Ce serait vrai; mais, alors, que signifie cette *harmonie des passions?* N'y voyez-vous pas un non-sens? Pourquoi donc rechercher une dénomination fausse et alambiquée? Est-ce pour en imposer au public, qui doit nécessairement rester ébahi devant des mots incompréhensibles, ou pour courtiser les abstractions qui nous viennent de l'Allemagne, et qui ont rendu ce pays, en fait de politique, d'art et de métaphysique, la patrie du sophisme et de la brume intellectuelle?

Pauvres raisons pour M. Simonis, que le public admire et qui, loin de courtiser l'Allemagne, peut prétendre à ce que tous les Allemands du monde, grands et petits, se tiennent honorés de lui faire la cour.

Autre remarque, toujours à l'égard du titre. L'espérance, la consolation, la douleur, la calomnie, le remords et la discorde, sont-ils des passions? Peuvent-ils être considérés comme tels? Non, vraiment; la calomnie ou le mensonge peut être dicté par une passion qui lui sert de moyen, mais, en lui-même, il n'en est qu'une conséquence, comme la douleur, comme le remords, comme la discorde. Quant à l'espérance, si elle est mauvaise, c'est l'attente de la satisfaction d'une passion, ou plutôt d'un désir; si elle est bonne, c'est un don que nous a fait la Providence, pour nous aider à dompter nos passions, en vue d'un avenir meilleur.

Dans une petite notice, publiée par M. Van Bemmel, sur l'œuvre dont je m'occupe, je lis ceci : « Mais ce qui rend à nos « yeux l'œuvre de M. Simonis plus importante et plus admirable « mille fois, c'est l'heureuse alliance qu'elle nous révèle entre « l'art antique et le génie moderne. Les anciens Grecs avaient « certainement porté la statuaire au plus haut point de perfec-« tion ; mais cette perfection doit être considérée comme re-« lative à leurs idées, à leurs tendances, à tout l'ensemble de « leur état social.

« L'unique objet de la statuaire semble être pour eux la « beauté des formes ; et, pour y arriver, le calme, la grandeur, « la sérénité des poses et des expressions, doivent former une « loi rigoureuse. Les passions proprement dites sont presque « toujours exclues du domaine de la sculpture. L'action et le « mouvement n'y peuvent être admis, qu'avec une extrême ré-« serve. »

Qu'en dites-vous, vous, qui avez vu à Florence la *Niobé*, à Rome le *Laocoon* et le *Gladiateur moribond*; vous, qui avez vu tous les bas-reliefs qui habitent le Vatican et le Capitole de Rome, le Musée Bourbon de Naples, et qui ornent encore certaines parties de Pompéi? Pensez-vous que les anciens aient laissé aux sculpteurs modernes la gloire d'animer le marbre, et d'y reproduire les sensations de l'âme?

Je reconnais volontiers que M. Simonis occupe un rang très-élevé parmi les artistes; mais je craindrais qu'il ne me sût

mauvais gré, si, par une exagération qui peut être louable au
point de vue du patriotisme, je venais le placer à côté de Phi-
dias, ou mettre son œuvre au-dessus de ce que l'antiquité a
produit de plus illustre et de plus précieux. Veuillez vous souvenir de la pauvre figure que fait le *Persée* à côté de l'*Apollon
du Belvédère!* et cependant le *Persée* a été sculpté par Ca-
nova, le premier certainement, à part Michel-Ange, de tous les
sculpteurs modernes.

Un fronton est, il est vrai, un champ très-incommode pour
la composition. Sa forme triangulaire force à un arrangement
disgracieux des figures, dont celles du milieu doivent remplir
un large espace, lorsque celles des deux côtés sont obligées de
se plier aux exigences d'une diminution qui progresse réguliè-
rement jusqu'aux extrémités angulaires.

M. Simonis s'est tiré, avec bonheur, de cette difficulté. Il a
imaginé d'élever au centre une estrade, sur laquelle il a placé
l'Harmonie, debout, appuyée sur sa harpe, étendant le bras d'un
geste majestueux, et, par ce mouvement, rattachant à elle tous
les sujets qui l'entourent, et qui lui deviennent, pour ainsi dire,
soumis. A côté de l'Harmonie, sur l'estrade même, sont assis le
Poëme Héroïque et le Poëme Pastoral; sur les gradins, plus bas,
on voit le Poëme Lyrique et le Poëme Satirique. La poésie
pastorale fut, comme vous le savez, l'origine du Théâtre, qui
s'éleva sur les tréteaux des fêtes consacrées à Bacchus. Le
Poëme Héroïque représente la Tragédie; le Satirique, la Comé-
die, et le Poëme Lyrique, le Chant et la Musique. Du côté du
Poëme Héroïque, sont les grandes passions : d'abord, l'Amour
sublime, véritable, celui qui engendre les actions d'éclat, les
inspirations du génie. L'auteur, pour nous le montrer tel, a
mis à ses pieds deux lions domptés, qu'il conduit avec des chaînes de fleurs, et il lui fait tenir sous le bras gauche la lyre d'A-
pollon; il n'a pas voulu le représenter sous la forme d'un
enfant capricieux, mais il en a fait un jeune homme, au maintien calme et réfléchi, qui sent sa dignité et mesure sa force.
Derrière l'Amour, la Discorde surgit, déploie ses ailes de
chauve-souris, agite ses serpents, et pousse au meurtre qu'un

homme, ivre de fureur, accomplit sous ses yeux. Entre le coupable et la Discorde, qui invite à l'homicide, se trouve le Remords, qui en est la suite. Du côté du Poëme Satirique, sont les Vices et leurs conséquences : la Volupté, sous la forme de Vénus ; le Désir qu'elle allume, simulacre de l'Amour ; le Mensonge, qui est aux petites choses ce que la Discorde est aux grandes ; la Douleur, suite du mal, que le Repentir console et que l'Espérance relève. Comme vous voyez, l'Harmonie des Passions ne résulte guère de cette composition, qui, d'ailleurs, est, en tout point, admirable.

Elle a, dans son ensemble, de la simplicité grandiose, de la symétrie, de l'équilibre, sans lourdeur, ni monotonie ; tout y est tellement bien à sa place, qu'on ne comprendrait pas que chaque chose ne fût pas là où elle est.

Les règles de la perspective, si difficiles et si essentielles quand il s'agit d'une sculpture qui doit être vue de bas en haut et à une grande distance, sont magistralement observées. Pas la plus petite disproportion, pas la moindre méprise. Les poses sont nobles, larges et très-variées ; les draperies, parfaitement entendues. Quant à l'exécution matérielle, il est impossible de la porter à une plus haute perfection. Peut-être, le dessin laisse-t-il prise à la critique dans certaines parties des figures, par exemple, dans les jambes du jeune homme qui représente le Désir ; mais vous savez que c'est là un des grands obstacles du bas-relief : les poses, qui exigent des arrière-plans ou des raccourcis ne peuvent pas toujours être rendues avec justesse. Je ne prétends pas affirmer que ce qui me paraît un défaut ne soit pas l'effet de cette circonstance particulière ; et je ne serais pas étonné, en examinant de plus près ce qui me choque, d'être obligé de reconnaître que je me suis trompé dans mon jugement.

Et maintenant, que le vent de nord-est, auquel se trouve exposé le fronton du théâtre ; que les cheminées fumeuses de l'édifice de la Monnaie, qui sont en face, n'endommagent pas trop cette belle sculpture ; que le badigeonneur surtout ne soit pas appelé à poser sa main sacrilége et l'empâtement de ses lourdes couleurs sur ce monument, et Bruxelles pourra se vanter d'avoir un chef-d'œuvre de plus à montrer aux étrangers qui accourent dans ses murs; chef-d'œuvre élevé par la main de ses enfants, au grand honneur de la Belgique.

De cette grande page, qui, comme je vous l'ai dit, fait exception aux proportions où la sculpture est réduite de nos jours, si nous retournons au Salon, nous y rencontrerons encore des statuaires particulièrement dignes d'éloges : M. Guillaume Geefs, qui a exposé la statue du roi, en marbre (n° 397), noble d'expression, vraie de sentiment, et rendant d'une manière accomplie la bonté et l'intelligence, caractères distinctifs de Sa Majesté; M. Laumans, qui a fait en plâtre le *Sommeil de l'Amour* (n° 576), et un joli groupe, *Scène du Déluge* (n° 577), dans lequel le marbre est travaillé de main de maître; M. Jacques Jacquet, spécialement dans l'*Enfant à la toupie* (n° 519), bronze de grandeur naturelle, acheté par la Commission de la loterie; M. Joseph Jacquet, dont l'*Age d'or* (n° 521) est un des plus beaux marbres que j'ai vus depuis ma visite à l'atelier de Bartolini; M. Leemans, et ses plâtres, le *Joueur de paume* (n° 236), et le *Pêcheur pincé au pied par une écrevisse* (n° 237).

Je ne sais par quel caprice M. Victor Van Hove a pris pour étude un *Esclave après la bastonnade* (n° 1000). Est-ce par suite d'une commande de quelque négrophile, ou bien l'auteur est-il négrophile lui-même? Rare philanthropie, que celle qui a saisi tout d'un coup cette incompréhensible nation anglaise, et qui, parcourant d'autres contrées comme un courant électrique, s'est emparé de certains esprits imitateurs. Originale philanthropie, que celle qui s'en va en guerre, sous prétexte de je ne sais quelle prétendue humanité, pour forcer les habitants du Congo à rester chez eux et à mourir de faim sur une terre aride, décimés par les rayons d'un soleil pestilentiel, et qui laisse assommer à sa porte, par le bâton des constables, les pauvres Irlandais osant se plaindre de ce que leurs maîtres, présidents peut-être de quelque Société pour l'abolition de l'esclavage, les dépouillent de la dernière pomme de terre destinée à la subsistance de leur famille ! Étrange philanthropie, qui pleure sur le sort d'une sauvage bourgade de l'Afrique, et qui a le cœur fermé pour les misères de toute une population chrétienne ! Vous me direz, comme Sancho, qu'il y a philanthropie et philanthropie ; que le manteau n'est pas de toutes les saisons, et que souvent on fait un grand bruit pour détourner le regard du voisin vers un objet éloigné, afin qu'il ne puisse pas s'apercevoir de ce qui se passe chez lui. Je le veux, de tout mon cœur ; cependant, je me demanderai encore une fois : Pourquoi M. Van Hove a-t-il étalé sous nos yeux un nègre pantelant de douleur ?

S'il voulait exécuter la belle anatomie qu'il a faite, il avait le choix entre mille sujets nobles, élevés, qui auraient eu un caractère plus intéressant que la laine crépue et les grosses lèvres d'un enfant de l'Afrique, presque toujours vicieux comme un singe, paresseux comme un lézard, et ennemi natif de notre race, dont il envie la couleur et l'intelligence.

Il y a bien d'autres noms d'artistes, que je pourrais vous citer, si je ne suivais pas plutôt le conseil de mes impressions, que les devoirs d'un juge, devoirs que j'ai récusés dès le commencement, ne me sentant ni le mérite, ni le goût, nécessaires à leur accomplissement.

J'ai voulu vous donner un aperçu rapide de l'état des beaux-arts en Belgique, et je crois en avoir dit assez pour vous convaincre que, sous ce rapport comme sous beaucoup d'autres, ce petit royaume n'a rien à envier à de plus grands. Ma main est fatiguée, je la laisse reposer ; et je vous quitte avec l'espérance d'avoir suffisamment éveillé votre attention, pour que vos études se portent un jour vers un pays, qui n'est séparé du vôtre que par une fiction politique, et qui est, en quelque sorte, une des plus riches provinces de la France artistique et intellectuelle.

CAMILLE MARSUZI DE AGUIRRE

TYPOGRAPHIE HENNUYER, RUE DU BOULEVARD, 7. BATIGNOLLES.
Boulevard extérieur de Paris.

TYPOGRAPHIE HENNUYER, RUE DU BOULEVARD, 7, BATIGNOLLES.
Boulevard extérieur de Paris.